FILOSOFÍA DE LA LIBERTAD

RUDOLF STEINER

Traducción de A. López-González

Elefante Books

MMXXIII

ISBN   9798392268122

Traducción original al castellano a partir del volumen *Die Philosophie der Freiheit (GA 4)*, 1.918. La traducción al castellano, para esta edición, es de Alejandro López-González, PhD. Todos los derechos reservados®

CONTENIDO

NOTA INFORMATIVA

A continuación se reproduce, en todo lo esencial, lo que sirvió de prefacio en la primera edición de este libro. Dado que muestra el estado de ánimo a partir del cual escribí este libro hace veinticinco años, en lugar de tener una relación directa con su contenido, lo incluyo aquí como un apéndice. No quiero omitirlo por completo, porque sigue surgiendo la opinión de que necesito suprimir algunos de mis primeros escritos debido a mis últimos escritos sobre ciencia espiritual. Solo las primeras oraciones introductorias de este prefacio (en la primera edición) se han omitido aquí porque hoy me parecen bastante irrelevantes. Pero el resto de lo dicho me parece necesario aún hoy, a pesar, precisamente por el modo científico natural de pensar de nuestros contemporáneos.

Rudolf Steiner, 1918

PREFACIO A LA EDICIÓN REVISADA DE 1918

Hay dos cuestiones fundamentales en la vida del alma humana hacia las cuales se dirige todo lo que se discutirá en este libro. Una es: ¿Es posible encontrar una visión de la naturaleza esencial del hombre que nos dé una base para todo lo demás que nos encuentre, ya sea a través de la experiencia de la vida o a través de la ciencia, que sentimos que de otra manera no es autosuficiente y, por lo tanto, susceptible de ser conducida por la duda y la crítica al reino de la incertidumbre? La otra pregunta es esta: ¿Tiene el hombre derecho a reclamar para sí mismo la libertad de voluntad, o es la libertad una mera ilusión engendrada por su incapacidad para reconocer los hilos de la necesidad de los que depende su voluntad, como cualquier evento natural? No es ningún tejido artificial de teorías lo que provoca esta pregunta. En cierto estado de ánimo se presenta de forma bastante natural al alma humana. Y uno bien puede sentir que si el alma no se ha encontrado en algún momento enfrentada con la mayor seriedad por el problema del libre albedrío o la necesidad, no habrá alcanzado su plena estatura. Este libro tiene la intención de mostrar que las experiencias que el segundo problema hace que experimente el alma del hombre dependen de la posición que pueda tomar hacia el primer problema. Se intenta probar que *hay* una visión de la naturaleza del ser del hombre que puede apoyar el resto del conocimiento; y además, que esta visión justifica completamente la idea del libre albedrío, siempre que hayamos descubierto primero esa región del alma en la que el libre albedrío puede desplegarse.

La visión a la que nos referimos aquí es una que, una vez adquirida, es capaz de convertirse en parte integrante de la vida misma del alma. La respuesta dada a los dos problemas no será del tipo puramente teórico que, una vez dominado, puede ser llevado a cabo como una convicción preservada por la memoria. Tal respuesta, para toda la forma de pensar en la que se basa este libro, no sería una respuesta real en absoluto. El libro no dará una respuesta autónoma de este tipo, sino que apuntará a un campo de experiencia en el que la actividad del alma interior del hombre proporciona una respuesta viva a estas preguntas en cada momento que la necesita. Quienquiera que haya descubierto una vez la región del alma donde se desarrollan estas preguntas, encontrará que la contemplación misma de esta región le da todo lo que necesita para la solución de los dos problemas. Con el conocimiento así adquirido, puede, entonces, según el deseo o el destino lo impulse, aventurarse más en las amplitudes y profundidades de esta enigmática vida nuestra. Por lo tanto, parecería que existe de hecho un tipo de conocimiento que prueba su justificación y validez por su propia vida interior, así como por el parentesco de su propia vida con toda la vida del alma humana.

Así es como pensé sobre el contenido de este libro cuando lo escribí por primera vez hace veinticinco años. Hoy, una vez más, tengo que establecer frases similares si quiero caracterizar las ideas principales del libro. En el escrito original me limité a decir nada más de lo que estaba en el sentido más estricto relacionado con las dos cuestiones fundamentales que he esbozado. Si alguien se sorprendiera de no encontrar en este libro ninguna referencia a esa región del mundo de la experiencia espiritual descrita en mis escritos posteriores, le pediría que tuviera en cuenta que no era mi propósito en ese momento establecer los resultados de la investigación espiritual, sino primero sentar las bases sobre las cuales tales resultados pueden descansar.

Filosofía de la Libertad no contiene ningún resultado de este tipo, como tampoco contiene resultados especiales de las ciencias naturales. Pero lo que sí contiene es, a mi juicio, absolutamente necesario para cualquiera que busque una base segura para tal conocimiento. Lo que he dicho en este libro puede ser aceptable incluso para algunos que, por razones propias, se niegan a tener nada que ver con los resultados de mis investigaciones en el reino espiritual. Pero cualquiera que se sienta atraído por los resultados de estas investigaciones espirituales puede apreciar la importancia de lo que estaba aquí tratando de hacer. Es esto: mostrar esa consideración abierta de mente simplemente de las dos preguntas que he indicado y que son fundamentales para todo tipo de conocimiento, lleva a la visión de que el hombre vive en medio de un mundo espiritual genuino.

En este libro se intenta mostrar que el conocimiento del reino espiritual *antes* de entrar en la experiencia espiritual real está plenamente justificado. El curso de esta demostración se lleva a cabo de tal manera que para cualquiera que sea capaz y esté dispuesto a entrar en estos argumentos nunca es necesario, para aceptarlos, lanzar miradas furtivas a las experiencias que mis escritos posteriores han demostrado ser relevantes.

Por lo tanto, me parece que, en cierto sentido, este libro ocupa una posición completamente independiente de mis escritos sobre asuntos científicos espirituales reales. Sin embargo, en otro sentido, está más íntimamente conectado con ellos. Estas consideraciones me han movido ahora, después de un lapso de veinticinco años, a volver a publicar el contenido de este libro prácticamente inalterado en todo lo esencial. Sin embargo, he hecho adiciones de cierta extensión a varios capítulos. Los malentendidos de mi argumento que he encontrado parecían hacer necesarias estas elaboraciones más detalladas. Los cambios de texto sólo se han hecho cuando me pareció que había dicho torpemente lo que quería decir hace un cuarto de siglo. (Sólo la mala voluntad podría encontrar en estos cambios ocasión para sugerir que he cambiado mi convicción fundamental.)

Durante muchos años mi libro ha estado agotado. A pesar del hecho, que se desprende de lo que acabo de decir, de que mis declaraciones de hace veinticinco años sobre estos problemas todavía me parecen igual de relevantes hoy, dudé mucho tiempo sobre la finalización de esta edición revisada. Una y otra vez me he preguntado si no debería, en este punto o aquello, definir mi posición hacia los numerosos puntos de vista filosóficos que se han presentado desde la publicación de la primera edición. Sin embargo, mi preocupación en los últimos años con las investigaciones en el reino puramente espiritual me impidió hacer esto de la manera que podría haber deseado. Sin embargo, un estudio de la literatura filosófica de nuestros días, tan minucioso como pude hacerlo, me ha convencido de que una discusión tan crítica, por muy tentadora que fuera en sí misma, estaría fuera de lugar en el contexto de este libro. Todo lo que me pareció necesario decir sobre las tendencias filosóficas recientes, desde el punto de vista de la Filosofía de la *Libertad*, se puede encontrar en el segundo volumen de mis *Enigmas de la filosofía*.

Rudolf Steiner,
abril de 1918.

PREFACIO A LA PRIMERA EDICIÓN 1894

Nuestra época sólo puede aceptar la *verdad* desde las profundidades de la naturaleza humana. De los dos caminos bien conocidos de Schiller, es el segundo que se elegirá en su mayoría en la actualidad:

La verdad nos busca a los dos: Tú en la vida sin ti y alrededor; en el corazón interior. Por ambos se puede encontrar la Verdad por igual. El ojo sano puede a través del mundo el gran Creador seguir; El corazón sano no es más que el vaso que devuelve la Creación.

(Traducción de E. Bulwer Lytton.)

Una verdad que nos llega desde fuera siempre lleva el sello de la incertidumbre. Sólo podemos creer lo que aparece a cada uno de nosotros en nuestros propios corazones como verdad.

Sólo la verdad puede darnos seguridad en el desarrollo de nuestros poderes individuales. Quienquiera que sea torturado por las dudas encuentra sus poderes lamidos. En un mundo lleno de acertijos, no puede encontrar ninguna meta para sus energías creativas.

Ya no queremos simplemente *creer*; queremos *saber*. La creencia exige la aceptación de verdades que no comprendemos plenamente. Pero las cosas que no comprendemos completamente son repugnantes para el elemento individual en nosotros, que quiere experimentar todo en las profundidades de su ser interior. El único *conocimiento* que nos satisface es aquel que no está sujeto a normas externas, sino que brota de la vida interior de la personalidad.

Una vez más, no queremos ningún conocimiento del tipo que se ha congelado de una vez por todas en reglas académicas rígidas, preservadas en enciclopedias válidas para siempre. Cada uno de nosotros reclama el derecho de partir de los hechos que están más cerca de la mano, de sus propias experiencias inmediatas, y desde allí ascender al conocimiento de todo el universo. Nos esforzamos por la certeza en el conocimiento, pero cada uno a su manera.

Nuestras doctrinas científicas tampoco deben formularse como si estuviéramos incondicionalmente obligados a aceptarlas. Ninguno de nosotros desearía dar a un trabajo científico un título como "Un relato pelúcido para el público en general sobre la naturaleza real de la filosofía más reciente" de Fichte. *un intento de obligar a los lectores a entender*". Hoy nadie debería ser *obligado* a entender. De cualquiera que no sea impulsado a un cierto punto de vista por sus propias necesidades individuales, no exigimos ningún reconocimiento o acuerdo. Incluso con el ser humano inmaduro, el niño, hoy en día no amontonamos conocimiento en él, sino que tratamos de desarrollar sus capacidades para que ya no necesite ser *obligado* a entender, sino que quiera entender. No me hago ilusiones sobre estas características de mi tiempo. Sé hasta qué punto prevalece la tendencia a hacer las cosas impersonales y estereotipadas. Pero sé igualmente bien que muchos de mis contemporáneos tratan de ordenar sus vidas de la manera que he indicado. A ellos dedicaría este libro. No pretende dar "el único camino posible" a la verdad, sino que está destinado a *describir* el camino tomado por alguien para quien la verdad es la principal preocupación.

El libro conduce al principio a regiones algo abstractas, donde el pensamiento debe trazar contornos nítidos si quiere alcanzar posiciones claramente definidas. Pero el lector también será sacado de estos conceptos áridos a la vida concreta. De hecho, estoy plenamente convencido de que uno debe elevarse al reino etéreo de los conceptos si quiere experimentar todos los aspectos de la existencia. Quien aprecia sólo los placeres de los sentidos no está familiarizado con los sabores más dulces de la vida. Los sabios orientales hacen que sus discípulos vivan una vida de renuncia y ascetismo durante años antes de impartirles su propia sabiduría. El mundo occidental ya no exige ejercicios piadosos y hábitos ascéticos como preparación para la ciencia, pero sí requiere la voluntad de retirarse un tiempo de las impresiones inmediatas de la vida y de adentrarse en el reino del pensamiento puro.

Los reinos de la vida son muchos. Para cada uno, se desarrollan ciencias especiales. Pero la vida misma es una unidad, y cuanto más profundamente las ciencias tratan de penetrar en sus reinos separados, más se retiran de la visión del mundo como un todo vivo. Debe haber un conocimiento que busque en las ciencias separadas los elementos para llevar al hombre de nuevo a la plenitud de la vida. El especialista científico busca a través de sus hallazgos desarrollar conciencia del mundo y su funcionamiento; En este libro, el objetivo es filosófico: que el conocimiento mismo cobre vida orgánicamente. Las ciencias separadas son etapas en el camino hacia ese conocimiento que estamos tratando de lograr. Una relación similar existe en las artes. El compositor trabaja sobre la base de la teoría de la composición. Esta teoría es una colección de reglas que uno tiene que conocer para componer. Al componer, las reglas de la teoría se convierten en los servidores de la vida misma, de la realidad. Exactamente en el mismo sentido, la filosofía es un *arte*. Todos los filósofos reales han sido *artistas en el ámbito de los conceptos*. Para ellos, las ideas humanas eran los materiales de sus artistas y el método científico su técnica artística. El pensamiento abstracto adquiere así vida individual concreta. Las ideas se convierten en fuerzas poderosas en la vida. Entonces no sólo tenemos conocimiento sobre las cosas, sino que hemos convertido el conocimiento en un verdadero organismo autónomo; Nuestra conciencia de trabajo real se ha elevado más allá de una mera recepción pasiva de verdades.

Cómo la filosofía como arte está relacionada con la libertad humana, qué es la libertad y si participamos o podemos participar en ella: este es el tema principal de mi libro. Todas las demás discusiones científicas se incluyen solo porque en última instancia arrojan luz sobre estas cuestiones, que son, en mi opinión, la preocupación más inmediata de la humanidad. Estas páginas ofrecen una "*Filosofía de la Libertad*".

Toda ciencia no sería más que la satisfacción de la curiosidad ociosa si no se esforzara por elevar el *valor de la existencia para la personalidad del hombre*. Las ciencias alcanzan su verdadero valor sólo mostrando el significado humano de sus resultados. El objetivo final del individuo nunca puede ser el cultivo de una sola facultad, sino sólo el desarrollo de todas las capacidades que duermen dentro de nosotros. El conocimiento tiene valor sólo en la medida en que contribuye al desarrollo *integral* de *toda* la naturaleza del hombre.

Este libro, por lo tanto, concibe la relación entre ciencia y vida, no de tal manera que el hombre deba inclinarse ante una idea y dedicar sus poderes a su servicio, sino en el sentido de que domina el mundo de las ideas para usarlas para sus objetivos *humanos*, que trascienden los de la mera ciencia.

Uno debe ser capaz de confrontar una idea y experimentarla; de lo contrario, uno caerá en su esclavitud.

ACCIÓN HUMANA CONSCIENTE

¿Es el hombre en su pensamiento y actuación un ser espiritualmente *libre*, o está obligado por la necesidad de hierro de la ley puramente natural? Hay pocas preguntas sobre las que se haya aplicado tanta sagacidad. La idea de la libertad de la voluntad humana ha encontrado partidarios entusiastas y oponentes obstinados en abundancia. Hay quienes, en su fervor moral, etiquetan a cualquiera como un hombre de inteligencia limitada que puede negar un hecho tan patente como la libertad. Se oponen a ellos otros que consideran como el culmen del pensamiento no científico que alguien crea que la uniformidad de la ley natural se rompe en la esfera de la acción y el pensamiento humanos. Una y la misma cosa es así proclamada, ahora como la posesión más preciosa de la humanidad, ahora como su ilusión más fatal. Se ha empleado una sutileza infinita para explicar cómo la libertad humana puede ser consistente con las leyes que funcionan en la naturaleza, de las cuales el hombre, después de todo, es parte. No menos lo es el problema al que otros han ido para explicar cómo podría haber surgido una ilusión como esta. Que estemos tratando aquí con una de las cuestiones más importantes para la vida, la religión, la conducta, la ciencia, debe ser sentido por cualquiera que incluya algún grado de minuciosidad en su composición. Es uno de los tristes signos de la superficialidad del pensamiento actual que un libro que intenta desarrollar una nueva fe a partir de los resultados de la investigación científica reciente, [1] no tiene nada más que decir sobre esta cuestión que estas palabras:

Con la cuestión de la libertad de la voluntad humana no nos preocupa. La supuesta libertad de elección indiferente ha sido reconocida como una ilusión vacía por toda filosofía digna de ese nombre. La valoración moral de la acción y el carácter humanos permanece intacta por este problema.

No es porque considere que el libro en el que aparece tiene una importancia especial que cito este pasaje, sino porque me parece que expresa la opinión a la que el pensamiento de la mayoría de nuestros contemporáneos logra elevarse en este asunto. Todos los que afirman haber crecido más allá de la etapa de jardín de infantes de la ciencia parecen saber hoy en día que la libertad no puede consistir en elegir, a nuestro antojo, uno u otro de los dos posibles cursos de acción. Siempre hay, según se nos dice, una *razón* perfectamente definida por la cual, de varias acciones posibles, llevamos a cabo solo una y ninguna otra.

Esto parece obvio. Sin embargo, hasta el día de hoy, los principales ataques de los opositores de la libertad se dirigen sólo contra la libertad de elección. Incluso Herbert Spencer, cuyas doctrinas están ganando terreno diariamente, dice:

Que todos están en libertad de desear o no desear, que es la proposición real involucrada en el dogma del libre albedrío, es negado tanto por el análisis de la conciencia, como por el contenido del capítulo anterior.

Otros, también, parten del mismo punto de vista en la lucha contra el concepto de libre albedrío. Los gérmenes de todos los argumentos relevantes se encuentran ya en Spinoza. Todo lo que presentó en un lenguaje claro y sencillo contra la idea de libertad se ha repetido desde entonces sin número, pero por regla general envuelto en las doctrinas teóricas más espeluznantes, de modo que es difícil reconocer la línea directa de pensamiento que es todo lo que importa. Spinoza escribe en una carta de octubre o noviembre de 1674,

Llamo libre a *una cosa* que existe y actúa por pura necesidad de su naturaleza, y llamo a eso *no libre*, del cual el ser y la acción están precisa y fijamente determinados por otra cosa. Así, por ejemplo, Dios, aunque necesario, es libre porque existe sólo a través de la necesidad de su propia naturaleza. Del mismo modo, Dios se reconoce a sí mismo y a todo lo demás libremente, porque se deriva únicamente de la necesidad de su naturaleza que él lo conoce todo. Verás, por lo tanto, que para mí la libertad no consiste en la libre decisión, sino en la libre necesidad.

Pero bajemos a las cosas creadas que están todas determinadas por causas externas para existir y actuar de una manera fija y definida. Para percibir esto más claramente, imaginemos un caso perfectamente simple. Una piedra, por ejemplo, recibe de una causa externa que actúa sobre ella una cierta cantidad de movimiento, por razón de la cual necesariamente continúa moviéndose, después de que el impacto de la causa externa ha cesado. El movimiento continuo de la piedra se debe a la compulsión, no a la necesidad de su propia naturaleza, porque requiere ser definida por el empuje de una causa externa. Lo que es cierto aquí para la piedra es cierto también para cualquier otra cosa en particular, por complicada y multifacética que sea, a saber, que todo está necesariamente determinado por causas externas para existir y actuar de una manera fija y definida.

Ahora, por favor, supongamos que esta piedra durante su movimiento piensa y sabe que se está esforzando lo mejor que puede para continuar en movimiento. Esta piedra, que es consciente sólo de su esfuerzo y de ninguna manera es indiferente, creerá que es absolutamente libre, y que continúa en movimiento por ninguna otra razón que su propia voluntad de continuar. Pero esta es sólo la libertad humana que todo el mundo dice poseer y que consiste en nada más que esto, que los hombres son conscientes de sus deseos, pero ignorantes de las causas por las cuales están determinados. Así, el niño cree que desea leche por su propia voluntad, el niño enojado considera su deseo de venganza como libre, y el cobarde su deseo de huir. Una vez más, el hombre borracho cree que dice por su propia voluntad lo que, sobrio de nuevo, habría dejado sin decir, y como este prejuicio es innato en todos los hombres, es difícil liberarse de él. Porque, aunque la experiencia nos enseña con suficiente frecuencia que el hombre menos que nada puede moderar sus deseos, y que, movido por pasiones conflictivas, ve lo mejor y persigue lo peor, sin embargo, se considera libre porque hay algunas cosas que desea con menos fuerza, y algunos deseos que puede inhibir fácilmente a través del recuerdo de otra cosa que a menudo es posible recordar.

Debido a que este punto de vista se expresa de manera tan clara y definitiva, es fácil detectar el error fundamental que contiene. Se dice que la misma necesidad por la cual una piedra hace un movimiento definido como resultado de un impacto, obliga a un hombre a llevar a cabo una acción cuando se le impulsa por cualquier razón. Es sólo porque el hombre es consciente de su acción que se cree a sí mismo como su creador. Pero al hacerlo, pasa por alto el hecho de que está impulsado por una causa que no puede evitar obedecer. El error en esta línea de pensamiento pronto se descubre. Spinoza, y todos los que piensan como él, pasan por alto el hecho de que el hombre no sólo es consciente de su acción, sino que también puede llegar a ser consciente de las causas que lo guían. Nadie negará que el niño *no es libre* cuando desea leche, o el hombre borracho cuando dice cosas de las que luego se arrepiente. Ninguno sabe nada de las causas, trabajando en las profundidades de sus organismos, que ejercen un control irresistible sobre ellos. Pero ¿es justificable agrupar acciones de este tipo con aquellas en las que un hombre es consciente no sólo de sus acciones sino también de las razones que lo llevan a actuar? ¿Son las acciones de los hombres realmente todas de un tipo? Si el acto de un soldado en el campo de batalla, del investigador científico en su laboratorio, del estadista en las negociaciones diplomáticas más complicadas, se coloca científicamente al mismo nivel que el del niño cuando desea leche: sin duda es cierto que es mejor buscar la solución de un problema donde las condiciones son más simples. Pero la incapacidad para discriminar ha causado antes una confusión interminable. Después de todo, hay una profunda diferencia entre saber por qué estoy actuando y no saberlo. A primera vista esto parece una verdad evidente. Y, sin embargo, los opositores de la libertad nunca se preguntan si un motivo de acción que reconozco y veo a través de él, debe considerarse obligatorio para mí en el mismo sentido que el proceso orgánico que hace que el niño llore por leche.

Eduard von Hartmann afirma que la voluntad humana depende de dos factores principales, los motivos y el carácter. Si uno considera a los hombres como todos iguales, o en todo caso las diferencias entre ellos como insignificantes, entonces su voluntad aparece como determinada desde *fuera*, es decir, por las circunstancias que vienen a encontrarlos. Pero si uno tiene en cuenta que un hombre adopta una idea, o imagen mental, como el motivo de su acción sólo si su carácter es tal que esta imagen mental despierta un deseo en él, entonces aparece como determinado desde *dentro* y no desde *fuera*. Ahora bien, debido a que, de acuerdo con su carácter, primero debe adoptar como motivo una imagen mental que se le da desde fuera, un hombre cree que es libre, es decir, independiente de los impulsos externos. La verdad, sin embargo, según Eduard von Hartmann, es que aunque nosotros mismos adoptemos primero una imagen mental como motivo, no lo hacemos arbitrariamente, sino de acuerdo con la necesidad de nuestra disposición caracterológica, es decir, somos *cualquier cosa menos* libres.

Aquí nuevamente la diferencia entre los motivos que permito que me influyan sólo después de haberlos impregnado con mi conciencia, y los que sigo sin ningún conocimiento claro de ellos, es absolutamente ignorada.

Esto nos lleva directamente al punto de vista desde el cual se considerará el tema aquí. ¿Tenemos algún derecho a considerar la cuestión de la libertad de la voluntad por sí misma? Y si no, ¿con qué otra pregunta debe estar necesariamente conectado?

Si hay una diferencia entre un motivo consciente de acción y un impulso inconsciente, entonces el motivo consciente resultará en una acción que debe ser juzgada de manera diferente de una que surge de un impulso ciego. Por lo tanto, nuestra primera pregunta se referirá a esta diferencia, y del resultado de esta investigación dependerá qué actitud tendremos que tomar hacia la cuestión de la libertad propiamente dicha.

¿Qué significa tener *conocimiento* de las razones de la acción de uno? Se ha prestado muy poca atención a esta cuestión porque, por desgracia, hemos dividido en dos lo que es realmente un todo inseparable: el hombre. Hemos distinguido entre el conocedor y el hacedor y hemos dejado de lado precisamente al que más importa: el hacedor conocedor.

Se dice que el hombre es libre cuando es controlado sólo por su razón y no por sus pasiones animales. O de nuevo, que ser libre significa poder determinar la vida y la acción de uno por propósitos y decisiones deliberadas.

Nada se gana con afirmaciones de este tipo. Porque la pregunta es si la razón, los propósitos y las decisiones ejercen el mismo tipo de compulsión sobre un hombre que sus pasiones animales. Si sin mi cooperación, una decisión racional emerge en mí con la misma necesidad con la que surgen el hambre y la sed, entonces debo obedecerla, y mi libertad es una ilusión.

Otra forma de expresión corre: ser libre no significa poder *querer* lo que uno quiere, sino poder hacer lo que uno quiere. Este pensamiento ha sido expresado con gran claridad por el poeta-filósofo Robert Hamerling.

El hombre ciertamente puede hacer lo que quiera, pero no puede querer como quiere, porque su deseo está determinado por *motivos*. ¿No puede querer cómo quiere? Consideremos estas frases más de cerca. ¿Tienen algún significado inteligible: la libertad de voluntad significaría entonces ser capaz de querer sin fundamento, sin motivo? Pero ¿qué significa querer sino *tener motivos* para hacer, o tratar de hacer, esto en lugar de aquello: querer algo sin fundamento o motivo sería querer algo sin *quererlo*? El concepto de querer no puede separarse del concepto de motivo. Sin un motivo determinante, la voluntad es una *facultad* vacía; sólo a través del motivo se vuelve activa y real. Por lo tanto, es muy cierto que la voluntad humana no es "libre" en la medida en que su dirección siempre está determinada por el motivo más fuerte. Pero, por otro lado, hay que admitir que es absurdo, en contraste con esta "falta de libertad", hablar de una libertad concebible de la voluntad que consistiría en poder querer lo que uno no quiere.

Una vez más, solo se mencionan los motivos en general, sin tener en cuenta la diferencia entre motivos inconscientes y conscientes. Si un motivo me afecta, y me veo obligado a actuar en consecuencia porque resulta ser el "más fuerte" de su tipo, entonces el pensamiento de libertad deja de tener sentido. ¿Cómo debería importarme si puedo hacer algo o no, si me *veo obligado* por el motivo a hacerlo? La pregunta principal no es si puedo hacer algo o no cuando un motivo ha trabajado en mí, sino si hay algún motivo excepto el que me impulsa con absoluta necesidad. Si me *veo obligado* a querer algo, entonces puedo ser absolutamente indiferente en cuanto a si también puedo hacerlo. Y si, a través de mi carácter, o a través de las circunstancias que prevalecen en mi entorno, se me impone un motivo que para mi pensamiento no es razonable, entonces incluso debería alegrarme si no puedo hacer lo que quiero.

La pregunta no es si puedo llevar a cabo una decisión una vez tomada, sino *cómo se produce la decisión dentro de mí.*

Lo que distingue al hombre de todos los demás seres orgánicos surge de su pensamiento racional. Actividad que tiene en común con otros organismos. Nada se gana buscando analogías en el mundo animal para aclarar el concepto de libertad aplicado a las acciones de los seres humanos. La ciencia moderna ama tales analogías. Cuando los científicos han logrado encontrar entre los animales algo similar al comportamiento humano, creen que han tocado la cuestión más importante de la ciencia del hombre. A qué malentendidos conduce este punto de vista se ve, por ejemplo, en el libro *La ilusión del libre albedrío*, de P. Rée, donde aparece la siguiente observación sobre la libertad:

Es fácil explicar por qué el movimiento de una piedra nos parece necesario, mientras que la voluntad de un burro no. Las causas que ponen la piedra en movimiento son externas y visibles, mientras que las causas que determinan la voluntad del burro son internas e invisibles. Entre nosotros y el lugar de su actividad está el cráneo del. ... Las causas determinantes no son visibles y, por lo tanto, se cree que no existen. La volición, se explica, es, de hecho, la causa del giro del burro, pero en sí misma es incondicionada; Es un comienzo absoluto. [5]

Aquí nuevamente las acciones humanas en las que hay una conciencia de los motivos son simplemente ignoradas, porque Rée declara que "entre nosotros y el lugar de su actividad está el cráneo del". A juzgar por estas palabras, Rée no se ha dado cuenta de que hay acciones, no del, sino de seres humanos, en las que entre nosotros y la acción se encuentra el motivo *que se ha vuelto consciente*. Rée demuestra su ceguera una vez más, unas páginas más adelante, cuando dice:

No percibimos las causas por las cuales se determina nuestra voluntad, por lo tanto, pensamos que no está determinada causalmente en absoluto.

Pero basta de ejemplos que prueban que muchos argumentan en contra de la libertad sin saber en lo más mínimo lo que es la libertad.

Que una acción, de la cual el agente no sabe por qué la realiza, no puede ser *libre*, no hace falta decirlo. Pero ¿qué pasa con una acción para la cual se conocen las razones? Esto nos lleva a la cuestión del origen y el significado del pensamiento. Porque sin el reconocimiento de la actividad *pensante* del alma, es imposible formar un concepto de conocimiento sobre *cualquier cosa*, y por lo tanto de conocimiento sobre una acción. Cuando sepamos lo que significa pensar en general, será fácil aclarar el papel que juega el pensamiento en la acción humana. Como bien dice Hegel,

Es el pensamiento lo que convierte el alma, que los animales también poseen, en espíritu.

De ahí que también sea el pensamiento el que dé a la acción humana su sello característico.

En ningún caso debe decirse que toda nuestra acción surge sólo de las deliberaciones sobrias de nuestra razón. Estoy muy lejos de llamar *humanos* en el sentido más elevado sólo aquellas acciones que proceden del juicio abstracto. Pero tan pronto como nuestra conducta se eleva por encima de la esfera de la satisfacción de los deseos puramente animales, nuestros motivos siempre están impregnados de pensamientos. El amor, la piedad y el patriotismo son fuerzas impulsoras de acciones que no pueden ser analizadas en conceptos fríos del intelecto. Se dice que aquí el corazón, el estado de ánimo del alma, domina. Sin duda. Pero el corazón y el estado de ánimo del alma no crean los motivos. Los presuponen y los dejan entrar. La lástima entra en mi corazón cuando la imagen mental de una persona que despierta piedad aparece en mi conciencia. El camino hacia el corazón es a través de la cabeza. El amor no es una excepción. Siempre que no sea simplemente la expresión del instinto sexual desnudo, depende de la imagen mental que formemos del ser querido. Y cuanto más idealistas son estas imágenes mentales, tanto más bendecido es nuestro amor. Aquí también, el pensamiento es el padre del sentimiento. Se dice que el amor nos hace ciegos a las fallas del ser amado. Pero esto se puede expresar al revés, es decir, que es sólo por las buenas cualidades que el amor abre los ojos. Muchos pasan por alto estas buenas cualidades sin darse cuenta. Uno, sin embargo, los percibe, y solo porque lo hace, el amor despierta en su alma. ¿Qué más ha hecho sino hacer una imagen mental de lo que cientos no han podido ver? El amor no es de ellos, porque carecen de la *imagen mental*.

Independientemente de cómo abordemos el asunto, se hace cada vez más claro que la cuestión de la naturaleza de la acción humana presupone la del origen del pensamiento. Por lo tanto, pasaré a continuación a esta pregunta.

EL DESEO FUNDAMENTAL DE CONOCIMIENTO

Dos almas residen, por desgracia, dentro de mi pecho, y cada una de la otra se separaría. El uno se aferra firme, en una fuerte lujuria por el amor, con órganos agarrados que se aferran al mundo; El otro se eleva fuertemente desde la penumbra a los campos elevados del patrimonio antiguo.

Fausto I, Escena 2, líneas 1112-1117.

En estas palabras, Goethe expresa un rasgo característico que está profundamente arraigado en la naturaleza humana. El hombre no está organizado como una unidad auto consistente. Siempre exige más de lo que el mundo, por su propia voluntad, le da. La naturaleza nos ha dotado de necesidades; entre ellas hay algunas que ella deja a nuestra propia actividad para satisfacer. Abundantes como son los dones que ella nos ha otorgado, aún más abundantes son nuestros deseos. Parece que nacemos para estar insatisfechos. Y nuestra sed de conocimiento no es más que un ejemplo especial de esta insatisfacción. Miramos dos veces un árbol. La primera vez que vemos sus ramas en reposo, la segunda vez en movimiento. No estamos satisfechos con esta observación. ¿Por qué, nos preguntamos, el árbol se nos aparece ahora en reposo, ahora en movimiento? Cada mirada a la Naturaleza evoca en nosotros multitud de preguntas. Cada fenómeno que encontramos nos plantea un nuevo problema. Cada experiencia es un acertijo. Vemos que del huevo emerge una criatura como la madre animal, y preguntamos la razón de la semejanza. Observamos a un ser vivo crecer y desarrollarse hasta cierto grado de perfección, y buscamos las condiciones subyacentes para esta experiencia. En ninguna parte estamos satisfechos con lo que la Naturaleza extiende ante nuestros sentidos. En todas partes buscamos lo que llamamos la *explicación* de los hechos.

El algo más que buscamos en las cosas, más allá de lo que se nos da inmediatamente en ellas, divide todo nuestro ser en dos partes. Nos volvemos conscientes de nuestra antítesis con el mundo. Nos enfrentamos al mundo como seres independientes. El universo se nos aparece en dos partes opuestas: *Yo* y *Mundo*.

Erigimos esta barrera entre nosotros y el mundo tan pronto como la conciencia amanece por primera vez en nosotros. Pero nunca dejamos de sentir que, a pesar de todo, pertenecemos al mundo, que hay un vínculo de conexión entre él y nosotros, y que somos seres dentro y no *fuera* del universo.

Este sentimiento nos hace esforzarnos por superar esta antítesis, y en este puente se encuentra, en última instancia, todo el esfuerzo espiritual de la humanidad. La historia de nuestra vida espiritual es una búsqueda continua de la unidad entre nosotros y el mundo. La religión, el arte y la ciencia siguen, todos y cada uno, este objetivo. El creyente religioso busca en la revelación que Dios le concede la solución al enigma universal que su yo, insatisfecho con el mundo de la mera apariencia, le presenta. El artista busca plasmar en su material las ideas que están en su yo, con el fin de reconciliar lo que vive en él con el mundo exterior. Él también se siente insatisfecho con el mundo de la mera apariencia y busca moldear en él ese algo más que su yo, trascendiéndolo, contiene. El pensador busca las leyes de los fenómenos, y se esfuerza por penetrar pensando lo que experimenta al observar. Sólo cuando hemos convertido el contenido *del mundo* en nuestro *contenido de pensamiento*, encontramos de nuevo la unidad de la que nos habíamos separado. Veremos más adelante que este objetivo sólo puede alcanzarse si la tarea del científico investigador se concibe a un nivel mucho más profundo de lo que suele ser el caso. Toda la situación que he descrito aquí se nos presenta en el escenario de la historia en el conflicto entre la teoría del mundo único, o *monismo*, y la teoría de los dos mundos, o *dualismo*.

El dualismo presta atención sólo a la *separación* entre el Yo y el Mundo que la conciencia del hombre ha provocado. Todos sus esfuerzos consisten en una vana lucha por reconciliar estos opuestos, que ahora llama *espíritu* y *materia*, ahora *sujeto* y *objeto*, ahora *pensamiento* y apariencia. Siente que debe haber un puente entre los dos mundos, pero no está en condiciones de encontrarlo. En que el hombre es consciente de sí mismo como "yo", no puede dejar de pensar en este "yo" como si estuviera del lado del *espíritu*; y al contrastar este "yo" con el mundo, está obligado a poner en el lado del mundo el reino de las percepciones dadas a los sentidos, es decir, el mundo de la *materia*. Al hacerlo, el hombre se coloca justo en medio de esta antítesis de espíritu y materia. Él es el más obligado a hacerlo porque su propio cuerpo pertenece al mundo material. Así, el "yo", o ego, pertenece al reino del espíritu como parte de él; los objetos materiales y los eventos que son percibidos por los sentidos pertenecen al "Mundo". Todos los acertijos que se relacionan con el espíritu y la materia, el hombre debe inevitablemente redescubrirlos en el enigma fundamental de su propia naturaleza.

El monismo presta atención sólo a la unidad y trata de negar o difamar los opuestos, aunque estén presentes. Ninguno de estos dos puntos de vista puede satisfacernos, porque no hacen justicia a los hechos. El dualismo ve en el espíritu (Yo) y la materia (Mundo) dos entidades fundamentalmente diferentes, y no puede, por lo tanto, entender cómo pueden interactuar entre sí. ¿Cómo debe el espíritu ser consciente de lo que sucede en la materia, viendo que la naturaleza esencial de la materia es bastante ajena al espíritu? ¿O cómo, en estas circunstancias, debe el espíritu actuar sobre la materia, para traducir sus intenciones en acciones? Las hipótesis más ingeniosas y absurdas han sido propuestas para responder a estas preguntas. Hasta el presente, sin embargo, el monismo no está en una posición mucho mejor. Ha intentado tres formas diferentes de hacer frente a la dificultad. O niega el espíritu y se convierte en materialismo; o niega la materia para buscar su salvación en el espiritismo; [1] o afirma que incluso en las entidades más simples del mundo, el espíritu y la materia están indisolublemente unidos, de modo que no hay necesidad de maravillarse ante la aparición en el hombre de estos dos modos de existencia, ya que nunca se encuentran separados.

El materialismo nunca puede ofrecer una explicación satisfactoria del mundo. Porque cada intento de explicación debe comenzar con la formación de *pensamientos* sobre los fenómenos del mundo. El materialismo comienza así con el *pensamiento* de la materia o los procesos materiales. Pero, al hacerlo, ya se enfrenta a dos conjuntos diferentes de hechos: el mundo material y los pensamientos sobre él. El materialista busca hacer que estos últimos sean inteligibles considerándolos como procesos puramente materiales. Él cree que el pensamiento tiene lugar en el cerebro, de la misma manera que la digestión tiene lugar en los órganos animales. Así como atribuye efectos mecánicos y orgánicos a la materia, también acredita a la materia en ciertas circunstancias con la capacidad de pensar. Pasa por alto que, al hacerlo, simplemente está cambiando el problema de un lugar a otro. Él atribuye el poder del pensamiento a la materia en lugar de a sí mismo. Y así está de vuelta en su punto de partida. ¿Cómo llega la materia a pensar acerca de su propia naturaleza? ¿Por qué no está simplemente satisfecho consigo mismo y contento sólo por existir? El materialista ha desviado su atención del sujeto definido, su propio yo, y ha llegado a una imagen de algo bastante vago e indefinido. Aquí el viejo acertijo se encuentra con él de nuevo. La concepción materialista no puede resolver el problema; solo puede cambiarlo de un lugar a otro.

¿Qué hay de la teoría espiritualista? El *espiritualista* genuino niega a la materia toda existencia independiente y la considera meramente como un producto del espíritu. Pero cuando trata de usar esta teoría para resolver el enigma de su propia naturaleza humana, se encuentra arrinconado. Frente al "Yo" o Ego, que puede situarse del lado del espíritu, se encuentra directamente el mundo de los sentidos. Ningún enfoque *espiritual* parece abierto. Sólo con la ayuda de los procesos materiales puede ser percibido y experimentado por el "yo". Tales procesos materiales el "yo" no descubre en sí mismo mientras considere su propia naturaleza como exclusivamente espiritual. En lo que logra espiritualmente por su propio esfuerzo, el mundo perceptible por los sentidos nunca se encuentra. Parece como si el "yo" tuviera que admitir que el mundo sería un libro cerrado para él a menos que pudiera establecer una relación no espiritual con el mundo. Del mismo modo, cuando se trata de acción, tenemos que traducir nuestros propósitos en realidades con la ayuda de cosas y fuerzas materiales. Por lo tanto, somos referidos de vuelta al mundo exterior. El espiritualista más extremo, o más bien, el pensador que a través de su idealismo absoluto aparece como espiritualista extremo, es Johann Gottlieb Fichte. Intenta derivar todo el edificio del mundo del "yo". Lo que realmente ha logrado es una magnífica *imagen* mental del mundo, sin ningún contenido de experiencia. Tan poco cómo es posible para el materialista discutir el espíritu, tan poco es posible para el espiritualista discutir el mundo exterior de la materia.

Cuando el hombre reflexiona sobre el "yo", percibe en primera instancia el trabajo de este "yo" en la elaboración conceptual del mundo de las ideas. Por lo tanto, una concepción del mundo que se inclina hacia el espiritismo puede sentirse tentada, al mirar la propia naturaleza esencial del hombre, a no reconocer nada del espíritu excepto este mundo de ideas. De esta manera, el espiritismo se convierte en idealismo unilateral. En lugar de penetrar *a través* del mundo de las ideas hacia el mundo espiritual, el idealismo identifica el mundo *espiritual* con el mundo de las ideas en sí. Como resultado, se ve obligado a permanecer fijo con su visión del mundo en el círculo de actividad del Ego, como si estuviera hechizado.

Una curiosa variante del idealismo se encuentra en la visión que Friedrich Albert Lange ha presentado en su ampliamente leída *Historia del materialismo*. Sostiene que los materialistas tienen toda la razón al declarar que todos los fenómenos, incluido nuestro pensamiento, son el producto de procesos puramente materiales, pero, a la inversa, la materia y sus procesos son para él mismos el producto de nuestro pensamiento.

Los sentidos nos dan sólo los *efectos* de las cosas, no copias verdaderas, y mucho menos las cosas mismas. Pero entre estos meros efectos debemos incluir los sentidos mismos junto con el cerebro y las vibraciones moleculares que asumimos que ocurren allí.

Es decir, nuestro pensamiento es producido por los procesos materiales, y estos por el pensamiento de nuestro I. La filosofía de Lange no es más que la historia, en términos filosóficos, del intrépido barón Münchhausen, que se sostiene en el aire por su propia coleta.

La tercera forma de monismo es la que encuentra incluso en la entidad más simple (el átomo) tanto la materia como el espíritu ya unidos. Pero tampoco se gana nada con esto, excepto que la pregunta, que realmente se origina en nuestra conciencia, se desplaza a otro lugar. ¿Cómo es que la entidad simple se manifiesta de una manera doble, si es una unidad indivisible?

Contra todas estas teorías debemos insistir en el hecho de que nos encontramos con la oposición básica y primaria primero en nuestra propia conciencia. Somos nosotros mismos los que rompemos con el seno de la Naturaleza y nos contrastamos como "yo" con el "mundo". Goethe ha dado una expresión clásica a esto en su ensayo Naturaleza, aunque su manera puede a primera vista considerarse bastante poco científica: "Viviendo en medio de ella (Naturaleza) somos extraños para ella. Incesantemente nos habla, pero no revela ninguno de sus secretos". Pero Goethe también sabe el reverso: "Los hombres están todos en ella y ella en todo".

Por muy cierto que sea que nos hemos alejado de la Naturaleza, no es menos cierto que sentimos que estamos en ella y pertenecemos a ella. Sólo puede ser su propio trabajo el que palpita también en nosotros.

Debemos encontrar el camino de regreso a ella de nuevo. Una simple reflexión puede señalarnos este camino. Es cierto que nos hemos separado de la Naturaleza, pero no debemos haber llevado algo de ella con nosotros a nuestro propio ser. Debemos buscar este elemento de la Naturaleza en nosotros, y entonces encontraremos la conexión con ella una vez más. El dualismo no logra hacer esto. Considera la interioridad humana como una entidad espiritual completamente ajena a la Naturaleza, y luego intenta de alguna manera engancharla a la Naturaleza. No es de extrañar que no pueda encontrar el enlace de conexión. Podemos encontrar la Naturaleza fuera de nosotros sólo si primero hemos aprendido a conocerla *dentro de* nosotros. Lo que es similar a ella dentro de nosotros debe ser nuestra guía. Esto marca nuestro camino de investigación. No intentaremos especulaciones sobre la interacción de la Naturaleza y el espíritu. Más bien vamos a sondear en las profundidades de nuestro propio ser, para encontrar allí aquellos elementos que salvamos en nuestra huida de la

Naturaleza. La investigación de nuestro propio ser debe darnos la respuesta al enigma. Debemos llegar a un punto en el que podamos decirnos a nosotros mismos: "Aquí ya no somos simplemente 'yo', aquí hay algo que es más que 'yo'".

Soy muy consciente de que muchos de los que han leído hasta ahora no encontrarán mi discusión "científica", ya que este término se usa hoy. A esto sólo puedo responder que hasta ahora no me han preocupado los resultados científicos de ningún tipo, sino la simple descripción de lo que cada uno de nosotros experimenta en su propia conciencia. La inclusión de algunas frases sobre los intentos de reconciliar la conciencia del hombre y el mundo sirve únicamente para dilucidar los hechos reales. Por lo tanto, no he hecho ningún intento de utilizar las diversas expresiones "yo", "espíritu", "mundo", "naturaleza", de la manera precisa que es habitual en psicología y filosofía. La conciencia ordinaria no es consciente de las agudas distinciones hechas por las ciencias, y mi propósito hasta ahora ha sido únicamente registrar los hechos de la experiencia cotidiana. No me preocupa la forma en que la ciencia, hasta ahora, ha interpretado la conciencia, sino la forma en que la experimentamos en cada momento de nuestras vidas.

PENSAR AL SERVICIO DEL CONOCIMIENTO

Cuando observo cómo una bola de billar, cuando se golpea, comunica su movimiento a otra, permanezco completamente sin influencia en el curso de este proceso observado. La dirección del movimiento y la velocidad de la segunda bola están determinadas por la dirección y la velocidad de la primera. Mientras siga siendo un mero espectador, solo puedo decir algo sobre el movimiento de la segunda bola cuando ha tenido lugar. Es muy diferente cuando empiezo a reflexionar sobre el contenido de mi observación. El propósito de mi reflexión es formar conceptos de la ocurrencia. Conecto el concepto de pelota elástica con otros conceptos de mecánica, y tomo en consideración las circunstancias especiales que se dan en el caso en cuestión. En otras palabras, intento añadir a la ocurrencia que tiene lugar sin mi ayuda un segundo proceso que tiene lugar en la esfera conceptual. Este último depende de mí. Esto se demuestra por el hecho de que puedo contentarme con la observación y renunciar a toda búsqueda de conceptos si no tengo necesidad de ellos. Sin embargo, si esta necesidad está presente, entonces no estoy satisfecho hasta que haya traído los conceptos Pelota, Elasticidad, Movimiento, Impacto, Velocidad, etc., en una cierta conexión, con la cual el proceso observado está relacionado de una manera definida. Tan cierto como el suceso ocurre independientemente de mí, así también el proceso conceptual no puede tener lugar sin mi ayuda.

Tendremos que considerar más adelante si esta actividad mía realmente procede de mi propio ser independiente, o si tienen razón los fisiólogos modernos que dicen que no podemos pensar como queremos, sino que debemos pensar tal como esos pensamientos y conexiones de pensamiento determinan que están presentes en nuestra conciencia. Por el momento, simplemente deseamos establecer el hecho de que constantemente nos sentimos obligados a buscar conceptos y conexiones de conceptos, que están en una cierta relación con los objetos y eventos que se dan independientemente de nosotros. Si esta actividad es realmente *nuestra* o si la realizamos de acuerdo con una necesidad inalterable, es una pregunta que no necesitamos decidir en este momento. Que en primera instancia parece ser nuestro está fuera de toda duda. Sabemos con certeza que no se nos dan los conceptos junto con los objetos. Que yo mismo soy el agente en el proceso conceptual puede ser una ilusión, pero para la observación inmediata ciertamente parece serlo. La pregunta es, por lo tanto: ¿Qué ganamos al complementar un evento con una contraparte conceptual?

Hay una profunda diferencia entre las formas en que, para mí, las partes de un evento se relacionan entre sí antes y después del descubrimiento de los conceptos correspondientes. La mera observación puede rastrear las partes de un evento dado a medida que ocurren, pero su conexión permanece oscura sin la ayuda de conceptos. Veo que la primera bola de billar se mueve hacia la segunda en cierta dirección y con cierta velocidad. Lo que sucederá después del impacto debo esperar, y de nuevo solo puedo seguirlo con mis ojos. Supongamos que alguien, en el momento del impacto, obstruye mi visión del campo donde está teniendo lugar el evento, entonces, como mero espectador, sigo ignorando lo que sucede después. La situación es diferente si antes de la obstrucción de mi punto de vista he descubierto los conceptos correspondientes al patrón de eventos. En ese caso, puedo decir lo que sucederá incluso cuando ya no pueda observar. Un evento o un objeto que es meramente observado no revela por sí mismo nada acerca de su conexión con otros eventos u objetos. Esta conexión se hace evidente sólo cuando la observación se combina con el pensamiento.

La observación y el *pensamiento* son los dos puntos de partida para todo el esfuerzo espiritual del hombre, en la medida en que es consciente de tal esfuerzo. El funcionamiento del sentido común, así como las investigaciones científicas más complicadas, descansan sobre estos dos pilares fundamentales de nuestro espíritu. Los filósofos han partido de varias antítesis primarias: idea y realidad, sujeto y objeto, apariencia y cosa-en-sí, "yo" y "no-yo", idea y voluntad, concepto y materia, fuerza y sustancia, lo consciente y lo inconsciente. Es fácil mostrar, sin embargo, que todas estas antítesis deben ser precedidas por la de la *observación* y el *pensamiento*, siendo esta para el hombre la más importante.

Cualquiera que sea el principio que elijamos establecer, debemos probar que en algún lugar lo hemos observado, o debemos enunciarlo en la forma de un pensamiento claro que pueda ser repensado por cualquier otro pensador. Todo filósofo que se proponga discutir sus principios fundamentales debe expresarlos en forma conceptual y así utilizar el pensamiento. Por lo tanto, admite indirectamente que su actividad presupone el pensamiento. Si el pensamiento o cualquier otra cosa es el factor principal en la evolución del mundo no se decidirá en este momento. Pero que *sin* pensar, el filósofo no puede obtener conocimiento de tal evolución, está claro desde el principio. En la *ocurrencia* de los fenómenos mundiales, el pensamiento puede jugar un papel menor; pero en la formación de una *visión* sobre ellos, no puede haber duda de que su parte es una parte principal.

En cuanto a la observación, nuestra necesidad de ella se debe a la forma en que estamos constituidos. Nuestro pensamiento sobre un caballo y el objeto "caballo" son dos cosas que para nosotros emergen separadas la una de la otra. Este objeto es accesible para nosotros sólo por medio de la observación. Tan poco como podemos formar un concepto de caballo simplemente mirando al animal, tan poco somos capaces por el mero pensamiento de producir un objeto correspondiente.

En la secuencia del tiempo, la observación de hecho viene antes que pensar. Porque incluso pensando debemos llegar a conocer primero a través de la observación. Fue esencialmente una descripción de una observación cuando, al comienzo de este capítulo, dimos cuenta de cómo el pensamiento se ilumina en presencia de un evento y va más allá de lo que simplemente se presenta. Todo lo que entra en el círculo de nuestra experiencia, primero nos damos cuenta a través de la observación. El contenido de la sensación, la percepción y la contemplación, todos los sentimientos, actos de voluntad, sueños y fantasías, imágenes mentales, conceptos e ideas, todas las ilusiones y alucinaciones, se nos dan a través de la *observación*.

Pero el pensamiento como *objeto de observación* difiere esencialmente de todos los demás objetos. La observación de una mesa, o un árbol, ocurre en mí tan pronto como estos objetos aparecen en el horizonte de mi experiencia. Sin embargo, al mismo tiempo, no observo mi pensamiento sobre estas cosas. Observo la mesa, y llevo a cabo el pensamiento sobre la mesa, pero al mismo tiempo no observo esto. Primero debo adoptar un punto de vista fuera de mi propia actividad si, además de observar la tabla, también quiero observar mi pensamiento sobre la mesa. Mientras que la observación de cosas y eventos, y pensar en ellos, son sucesos cotidianos que llenan la corriente continua de mi vida, la observación del pensamiento mismo es una especie de estado excepcional. Este hecho debe tenerse debidamente en cuenta cuando llegamos a determinar la relación del pensamiento con todos los demás contenidos de observación. Debemos ser muy claros sobre el hecho de que, al observar el pensamiento, le estamos aplicando un procedimiento que constituye el curso normal de los acontecimientos para el estudio de todo el resto del mundo-contenido, pero que en este curso normal de los acontecimientos no se aplica al pensamiento mismo.

Alguien podría objetar que lo que he dicho acerca del pensamiento se aplica igualmente al sentimiento y a todas las demás actividades espirituales. Así, por ejemplo, cuando tengo una sensación de placer, la sensación también es encendida por el objeto, y es este objeto el que observo, pero no la sensación de placer. Esta objeción, sin embargo, se basa en un error. El placer no está en absoluto en la misma relación con su objeto que el concepto formado por el pensamiento. Soy consciente, de la manera más positiva, de que el concepto de una cosa se forma a través de mi actividad; mientras que el placer es producido en mí por un objeto de la misma manera que, por ejemplo, un cambio es causado en un objeto por una piedra que cae sobre él. Para la observación, un placer se da exactamente de la misma manera que el evento que lo causa. No ocurre lo mismo con el concepto. Puedo preguntar por qué un evento particular despierta en mí un sentimiento de placer, pero ciertamente no puedo preguntar por qué un evento produce en mí un conjunto particular de conceptos. La pregunta simplemente carecería de sentido. Al reflexionar sobre un evento, de ninguna manera me preocupa un efecto sobre mí mismo. No puedo aprender nada sobre mí mismo conociendo los conceptos que corresponden al cambio observado en un panel de vidrio por una piedra lanzada contra él. Pero definitivamente aprendo algo sobre mi personalidad cuando conozco el sentimiento que un cierto evento despierta en mí. Cuando digo de un objeto observado: "Esto es una rosa", no digo absolutamente nada sobre mí; pero cuando digo de lo mismo que "me da una sensación de placer", caracterizo no solo a la rosa, sino también a mí mismo en mi relación con la rosa.

Por lo tanto, no se puede hablar de poner el pensamiento y el sentimiento en un nivel como objetos de observación. Y lo mismo podría mostrarse fácilmente de otras actividades del espíritu humano. A diferencia del pensamiento, deben clasificarse con otros objetos o eventos observados. La naturaleza peculiar del pensamiento radica precisamente en esto, que es una actividad que se dirige únicamente al objeto observado y no a la personalidad pensante. Esto es evidente incluso por la forma en que expresamos nuestros pensamientos sobre un objeto, a diferencia de nuestros sentimientos o actos de voluntad. Cuando veo un objeto y lo reconozco como una mesa, por regla general no digo: "Estoy pensando en una mesa", sino "esta es una mesa". Por otro lado, digo: "Estoy contento con la mesa". En el primer caso, no me interesa en absoluto afirmar que he entablado una relación con la mesa; mientras que en este último caso, es solo esta relación lo que importa. Al decir: "Estoy pensando en una mesa", ya entro en el estado excepcional caracterizado anteriormente, en el que algo que siempre está contenido, aunque no como un objeto observado, dentro de nuestra actividad espiritual, se convierte en un objeto de observación.

Esta es solo la naturaleza peculiar del pensamiento, que el pensador olvida su pensamiento mientras está realmente involucrado en él. Lo que ocupa su atención no es su pensamiento, sino el objeto de su pensamiento, que está observando.

La primera observación que hacemos sobre el pensamiento es, por lo tanto, esta: que es el elemento no observado en nuestra vida mental y espiritual ordinaria.

La razón por la que no observamos el pensamiento que sucede en nuestra vida ordinaria no es otra que esta, que se debe a nuestra propia actividad. Todo lo que yo mismo no produzco, aparece en mi campo de observación como un objeto; Me encuentro confrontado por ello como algo que ha surgido independientemente de mí. Viene a mi encuentro. Debo aceptarlo como algo que precede a mi proceso de pensamiento, como una premisa. Mientras reflexiono sobre el objeto, estoy ocupado con él, mi atención se centra en él. Estar así ocupado es precisamente *contemplar pensando*. Atiendo, no a mi actividad, sino al objeto de esta actividad. En otras palabras, mientras estoy pensando, no presto atención a mi pensamiento, que es de mi propia creación, sino sólo al *objeto* de mi pensamiento, que no es de mi creación.

Estoy, además, en la misma posición cuando entro en el estado excepcional y reflexiono sobre mi propio pensamiento. Nunca puedo observar mi pensamiento actual; Sólo puedo tomar mis experiencias de mi proceso de pensamiento como objeto de un nuevo pensamiento. Si quisiera observar mi pensamiento actual, tendría que dividirme en dos personas, una para pensar, la otra para observar este pensamiento. Pero esto no puedo hacer. Solo puedo lograrlo en dos actos separados. El pensamiento que observar nunca es aquel en el que estoy realmente comprometido, sino otro. Si, para este propósito, hago observaciones de mi propio pensamiento anterior, o sigo el proceso de pensamiento de otra persona, o finalmente, como en el ejemplo de los movimientos de las bolas de billar, asumo un proceso de pensamiento imaginario, es irrelevante.

Hay dos cosas que son incompatibles entre sí: la actividad productiva y la contemplación simultánea de ella. Esto se reconoce incluso en Génesis (1, 31). Aquí Dios crea el mundo en los primeros seis días, y sólo cuando es posible contemplarlo: "Y vio Dios todo lo que había hecho y, he aquí, era muy bueno". Lo mismo se aplica a nuestro pensamiento. Debe estar allí primero, si queremos observarlo.

La razón por la que es imposible observar el pensamiento en el momento real de su ocurrencia, es la misma que hace posible que lo conozcamos más inmediata e íntimamente que cualquier otro proceso en el mundo. Sólo porque es nuestra propia creación conocemos los rasgos característicos de su curso, la manera en que el proceso tiene lugar. Lo que en todas las demás esferas de observación se puede encontrar sólo indirectamente, a saber, el contexto relevante y la relación entre los objetos individuales, es, en el caso del pensamiento, conocido por nosotros de una manera absolutamente directa. A primera vista, no sé por qué, según mi observación, el trueno sigue al relámpago; pero sé directamente, por el contenido mismo de los dos conceptos, por qué mi pensamiento conecta el concepto de trueno con el *concepto* de relámpago. No importa en lo más mínimo si tengo los conceptos correctos de relámpagos y truenos. La conexión entre esos conceptos que tengo es clara para mí, y esto a través de los mismos conceptos.

Esta claridad transparente con respecto a nuestro proceso de pensamiento es bastante independiente de nuestro conocimiento de la base fisiológica del pensamiento. Aquí estoy hablando de pensar en la medida en que lo conocemos a partir de la observación de nuestra propia actividad espiritual. Cómo un proceso material en mi cerebro causa o influye en otro mientras estoy llevando a cabo una operación de pensamiento, es bastante irrelevante. Lo que observo sobre el pensamiento no es qué proceso en mi cerebro conecta el concepto relámpago con el concepto trueno, sino lo que me hace llevar los dos conceptos a una relación particular. Mi observación me muestra que al vincular un pensamiento con otro no hay nada que me guíe sino el *contenido* de mis pensamientos; No me guío por ningún proceso material en mi cerebro. En una época menos materialista que la nuestra, esta observación sería, por supuesto, totalmente superflua. Hoy, sin embargo, cuando hay personas que creen que una vez que sepamos qué es la materia también sabremos cómo piensa, tenemos que insistir en que uno puede hablar de pensar sin invadir el dominio de la fisiología del cerebro.

Muchas personas hoy en día encuentran difícil comprender el concepto de pensar en su pureza. Cualquiera que desafíe la descripción del pensamiento que he dado aquí citando la declaración de Cabanis de que "el cerebro secreta pensamientos como el hígado hace hiel o las glándulas de saliva escupen...", simplemente no sabe de lo que estoy hablando. Trata de encontrar el pensamiento mediante un proceso de mera observación de la misma manera que procedemos en el caso de otros objetos que componen el mundo. Pero no puede encontrarlo de esta manera porque, como he demostrado, elude solo esta observación ordinaria. Quien no puede trascender el materialismo carece de la capacidad de llevar a cabo la condición excepcional que he descrito, en la que se vuelve consciente de lo que en todas las demás actividades espirituales permanece inconsciente. Si alguien no está dispuesto a tomar este punto de vista, entonces uno no puede discutir el pensamiento con él más de lo que uno puede discutir el color con un ciego. Pero en cualquier caso, no debe imaginar que consideramos los procesos fisiológicos como pensamiento. No explica el pensamiento porque simplemente no lo ve.

Para todos, sin embargo, que tienen la capacidad de observar el pensamiento, y con buena voluntad todo hombre normal tiene esta habilidad, esta observación es la más importante que puede hacer. Porque observa algo de lo cual él mismo es el creador; Se encuentra confrontado, no por un objeto aparentemente extraño, sino por su propia actividad. Él sabe cómo surge lo que está observando. Él ve en sus conexiones y relaciones. Ahora se ha llegado a un punto firme desde el cual uno puede, con alguna esperanza de éxito, buscar una explicación de todos los demás fenómenos del mundo.

La sensación de que había encontrado un punto tan firme llevó al padre de la filosofía moderna, Descartes, a basar todo el conocimiento humano en el principio: *pienso, luego existo*. Todas las demás cosas, todos los demás eventos, están ahí independientemente de mí. Ya sea verdad, ilusión o sueño, no lo sé. Sólo hay una cosa de la que estoy absolutamente seguro, porque yo mismo le doy su existencia segura; Y eso es lo que pienso. Cualquiera que sea el otro origen que pueda tener en última instancia, que provenga de Dios o de otro lugar, de una cosa estoy seguro: que existe en el sentido de que yo mismo lo presento. Descartes, para empezar, no tenía ninguna justificación para dar a su declaración más significado que esto. Todo lo que tenía derecho a afirmar era que dentro del contenido de todo el mundo me aprehendo en mi pensamiento como en esa actividad que es exclusivamente mía. Lo que se supone que significa el adjunto "*luego existo*" ha sido muy debatido. Puede tener un significado con una sola condición. La afirmación más simple que puedo hacer de una cosa es que *es*, que existe. Cómo esta existencia puede definirse aún más en el caso de cualquier cosa en particular que aparezca en el horizonte de mi experiencia, es a primera vista imposible de decir. Cada objeto debe ser estudiado primero en su relación con los demás antes de que podamos determinar en qué sentido se puede decir que existe. Un evento experimentado puede ser un conjunto de percepciones o puede ser un sueño, una alucinación u otra cosa. En resumen, no puedo decir en qué sentido existe. No puedo deducir esto del evento en sí mismo, pero lo descubriré cuando considere el evento en su relación con otras cosas. Pero aquí de nuevo no puedo saber *más* que cómo está en relación con estas otras cosas. Mi investigación toca terreno firme sólo cuando encuentro un objeto que existe en un sentido que puedo derivar del objeto mismo. Pero yo mismo soy un objeto tal en el sentido de que pienso, porque le doy a mi existencia el contenido definido y autodeterminado de la actividad pensante. A partir de aquí puedo pasar a preguntar si existen otras cosas en el mismo sentido o en algún otro.

Cuando hacemos del pensamiento un objeto de observación, añadimos a los otros contenidos observados del mundo algo que generalmente escapa a nuestra atención. Pero la forma en que estamos en relación con las otras cosas no se altera de ninguna manera. Añadimos al número de objetos de observación, pero no al número de métodos. Mientras observamos las otras cosas, entra entre los procesos del mundo —entre los cuales ahora incluyo la observación— un proceso que se pasa por alto. Hay algo presente que es diferente de todos los demás procesos, algo que no se tiene en cuenta. Pero cuando observo mi propio pensamiento, no hay tal elemento descuidado presente. Porque lo que ahora se cierne en el fondo es una vez más solo pensar en sí mismo. El objeto de observación es cualitativamente idéntico a la actividad dirigida sobre él. Este es otro rasgo característico del pensamiento. Cuando lo convertimos en un objeto de observación, no estamos obligados a hacerlo con la ayuda de algo cualitativamente diferente, sino que podemos permanecer dentro del mismo elemento.

Cuando entretejo un objeto dado independientemente en mi pensamiento, trasciendo mi observación, y surge la pregunta: ¿Qué derecho tengo para hacer esto? ¿Por qué no dejo que el objeto se imprima en mí? ¿Cómo es posible que mi pensamiento esté relacionado con el objeto? Estas son preguntas que cada uno debe plantearse a sí mismo que reflexiona sobre sus propios procesos de pensamiento. Pero todas estas preguntas dejan de existir cuando pensamos en el pensamiento mismo. Entonces no añadimos nada a nuestro pensamiento que le sea ajeno, y por lo tanto no tenemos necesidad de justificar tal adición.

Schelling dice: "Conocer la naturaleza significa crear la naturaleza". Si tomamos literalmente estas palabras de este audaz filósofo de la Naturaleza, tendremos que renunciar para siempre a toda esperanza de obtener conocimiento de la Naturaleza. Porque la Naturaleza ya está ahí, y para crearla por segunda vez, primero debemos conocer los principios según los cuales se ha originado. De la Naturaleza que ya existe deberíamos tener que tomar prestados o cribar los principios fundamentales para la Naturaleza que queremos *comenzar* por crear. Este préstamo, que tendría que preceder a la creación, significaría sin embargo *conocer* la Naturaleza, y esto seguiría siendo así incluso si después del préstamo no tuviera lugar ninguna creación. El único tipo de Naturaleza que podríamos crear sin *tener primero* conocimiento de ella sería una Naturaleza que aún no existe.

Lo que es imposible para nosotros con respecto a la Naturaleza, es decir, crear antes de saber, lo logramos en el caso del pensamiento. Si nos abstuviéramos de pensar hasta que hubiéramos adquirido conocimiento de ello, nunca llegaríamos a él en absoluto. Debemos sumergirnos resueltamente en la actividad de pensar, para que después, observando lo que hemos hecho, podamos obtener conocimiento de ello. Para la observación del *pensamiento*, nosotros mismos primero creamos un objeto; la presencia de todos los *demás* objetos es atendida sin ninguna actividad de nuestra parte.

Mi afirmación de que debemos pensar antes de poder examinar el pensamiento podría ser fácilmente contrarrestada por la afirmación aparentemente igualmente válida de que no podemos esperar con la digestión hasta que hayamos observado primero el proceso de digestión. Esta objeción sería similar a la presentada por Pascal contra Descartes, cuando afirmó que también podríamos decir: "Yo camino, luego existo". Ciertamente, debo seguir adelante con la digestión y no esperar hasta que haya estudiado el proceso fisiológico de la digestión. Pero sólo podría comparar esto con el estudio del pensamiento si, después de la digestión, me propusiera no estudiarlo pensando, sino comerlo y digerirlo. Después de todo, no es sin razón que, mientras que la digestión no puede convertirse en el objeto de la digestión, el pensamiento puede muy bien convertirse en el objeto del pensamiento.

Esto es entonces indiscutible, que al pensar nos hemos apoderado de un rincón de todo el proceso mundial que requiere nuestra presencia si algo va a suceder. Y este es solo el punto sobre el cual todo gira. La razón por la que las cosas me confrontan de una manera tan desconcertante es simplemente que no juego ningún papel en su producción. Simplemente me las dan, mientras que en el caso de pensar sé cómo se hace. Por lo tanto, para el estudio de todo lo que sucede en el mundo no puede haber un punto de partida más fundamental que el pensamiento mismo.

Ahora quisiera mencionar un error muy actual que prevalece con respecto al pensamiento. A menudo se dice que el pensamiento, como es en sí mismo, no se nos da en ninguna parte: el pensamiento que conecta nuestras observaciones y teje una red de conceptos sobre ellas no es en absoluto el mismo que el que extraemos posteriormente de los objetos de observación para convertirlo en el objeto de nuestro estudio. Lo que primero tejemos inconscientemente en las cosas se dice que es bastante diferente de lo que conscientemente extraemos de ellas de nuevo.

Aquellos que sostienen este punto de vista no ven que es imposible de esta manera escapar del pensamiento. No puedo salir pensando cuando quiero estudiarlo. Si queremos distinguir entre pensar *antes* de que nos hayamos vuelto conscientes de ello, y pensar del que posteriormente nos hemos dado cuenta, no debemos olvidar que esta distinción es puramente externa y no tiene nada que ver con la cosa misma. De ninguna manera altero nada pensando en ello. Puedo imaginar que un ser con órganos sensoriales construidos de manera muy diferente y con una inteligencia que funciona de manera diferente, tendría una imagen mental muy diferente de un caballo de la mía, pero no puedo imaginar que mi propio pensamiento se convierta en algo diferente por el hecho de que lo observo. Yo mismo observo lo que yo mismo produzco. Aquí no estamos hablando de cómo mi pensamiento se ve a una inteligencia que no es la mía, sino de cómo me parece a mí. En cualquier caso, la imagen de mi pensamiento que otra inteligencia podría tener no puede ser más verdadera que la mía. Sólo si yo no fuera yo mismo el ser que hace el pensamiento, sino si el pensamiento me confrontara como la actividad de un ser bastante extraño para mí, podría decir entonces que aunque mi propia imagen del pensamiento puede surgir de una manera particular, cómo puede ser el pensamiento de ese ser en sí mismo, soy totalmente incapaz de saberlo.

Hasta ahora, no hay la más mínima razón por la que deba considerar mi propio pensamiento desde cualquier punto de vista que no sea el mío. Después de todo, contemplo el resto del mundo por medio del pensamiento. ¿Por qué debería hacer de mi pensamiento una excepción?

Creo que he dado suficientes razones para hacer del pensamiento el punto de partida para mi estudio del mundo. Cuando Arquímedes descubrió la palanca, pensó que podría levantar todo el cosmos de sus bisagras, si tan solo pudiera encontrar un punto de apoyo para su instrumento. Necesitaba algo que fuera apoyado por sí mismo y por nada más. Al pensar tenemos un principio que subsiste a través de sí mismo. Intentemos, por lo tanto, entender el mundo a partir de esta base. Podemos captar el pensamiento por medio de sí mismo. La pregunta es, si también podemos captar algo más a través de él. Hasta ahora he hablado de pensar sin tener en cuenta su vehículo, la conciencia humana. La mayoría de los filósofos actuales objetarían que antes de que pueda haber pensamiento, debe haber conciencia. Por lo tanto, debemos comenzar, no desde el pensamiento, sino desde la conciencia. No hay pensamiento, dicen, sin conciencia. A esto debo responder que para aclarar la relación entre el pensamiento y la conciencia, debo pensar en ello. Por lo tanto, presupongo pensar. Sin embargo, todavía se podría argumentar que, aunque, cuando el filósofo trata de entender la conciencia, hace uso del pensamiento y en esa medida lo presupone, sin embargo, en el curso ordinario de la vida, el pensamiento surge dentro de la conciencia y, por lo tanto, presupone la conciencia.

Ahora, si esta respuesta fuera dada al creador del mundo cuando estaba a punto de crear pensamiento, sin duda sería al grano. Naturalmente, no es posible crear pensamiento antes de la conciencia. El filósofo, sin embargo, no se preocupa por crear el mundo, sino por comprenderlo. En consecuencia, tiene que buscar los puntos de partida no para la creación del mundo, sino para la comprensión de él. Me parece muy extraño que se reproche al filósofo que se preocupe ante todo por la exactitud de sus principios en lugar de volverse directamente a los objetos que busca comprender. El creador del mundo tenía que saber sobre todo cómo encontrar un vehículo para pensar, pero el filósofo tiene que buscar una base segura para sus intentos de comprender lo que ya existe. ¿Cómo nos ayuda comenzar con la conciencia y someterla al escrutinio del pensamiento, si primero no sabemos si el pensamiento es de hecho capaz de darnos una idea de las cosas?

Primero debemos considerar pensar de manera bastante imparcial, sin referencia a un sujeto pensante o un objeto de pensamiento. Tanto el sujeto como el objeto son conceptos formados por el pensamiento. No se puede negar que antes de que *cualquier otra cosa pueda ser entendida, el pensamiento debe ser entendido*. Quien niega esto no se da cuenta de que el hombre no es el primer eslabón de la cadena de la creación, sino el último. Por lo tanto, para explicar el mundo por medio de conceptos, no podemos partir de los elementos de la existencia que vinieron primero en el tiempo, sino que debemos comenzar con ese elemento que se nos da como el más cercano e íntimo. No podemos transportarnos de vuelta al principio del mundo para comenzar nuestros estudios desde allí, pero debemos comenzar desde el momento presente y ver si podemos ascender de lo posterior a lo anterior. Mientras la Geología inventó catástrofes fabulosas para explicar el estado actual de la tierra, anduvo a tientas en la oscuridad. Fue solo cuando comenzó a estudiar los procesos actuales en funcionamiento en la tierra, y a partir de estos para volver al pasado, que ganó una base firme. Mientras la filosofía siga asumiendo todo tipo de principios básicos, como el átomo, el movimiento, la materia, la voluntad o el inconsciente, colgará en el aire. Sólo si el filósofo reconoce lo que es último en el tiempo como su primer punto de ataque, puede alcanzar su meta. Esta última cosa a la que ha llegado la evolución del mundo es, de hecho, *pensar*.

Hay personas que dicen que es imposible determinar con certeza si nuestro pensamiento es correcto o incorrecto, y por lo tanto nuestro punto de partida es en cualquier caso dudoso. Sería igual de sensato dudar de si un árbol es en sí mismo correcto o incorrecto. Pensar es un hecho, y no tiene sentido hablar de la verdad o falsedad de un hecho. A lo sumo, puedo dudar de si el pensamiento se aplica correctamente, al igual que puedo dudar de si cierto árbol proporciona madera adaptada a la fabricación de este o aquel objeto útil. Mostrar hasta qué punto la aplicación del pensamiento al mundo es correcta o incorrecta, es precisamente la tarea de este libro. Puedo entender a cualquiera que dude de si, por medio del pensamiento, podemos obtener conocimiento del mundo, pero es incomprensible para mí cómo alguien puede dudar de la rectitud del pensamiento en sí mismo.

Adición del autor, 1918

En la discusión anterior he señalado la diferencia significativa entre el pensamiento y todas las demás actividades del alma, como un hecho que se presenta a una observación genuinamente desprejuiciada. Cualquiera que no se esfuerce por esta observación sin prejuicios se verá tentado a presentar contra mis argumentos objeciones como estas: Cuando pienso en una rosa, después de todo, esto solo expresa una relación de mi "yo" con la rosa, al igual que cuando siento la belleza de la rosa. Hay una relación entre "yo" y objeto tanto en el caso de pensar como en el caso de sentir o percibir. Tal objeción deja fuera de cuenta el hecho de que *sólo* en la actividad pensante el "yo" se sabe a sí mismo como *uno y el mismo ser con lo que está activo*, justo en todas las ramificaciones de esta actividad. Sin ninguna otra actividad del alma es este tan completamente el caso. Por ejemplo, en un sentimiento de placer es perfectamente posible para una observación más delicada discriminar entre la medida en que el "yo" sabe que es uno y el *mismo ser con lo que está activo*, y la medida en que hay algo pasivo en el "yo" al que el placer simplemente se presenta. Lo mismo se aplica a las otras actividades del alma. Sobre todo, no se debe confundir el "tener imágenes de pensamiento" con la elaboración del pensamiento por el pensamiento. Las imágenes de pensamiento pueden aparecer en el alma después de la moda de los sueños, como vagas insinuaciones. Pero esto no es *pensar*. Es cierto que alguien podría decir ahora: Si esto es lo que quieres decir con "pensar", entonces tu pensamiento implica querer y tienes que ver no solo con el pensamiento sino también con la voluntad en el pensamiento. Sin embargo, esto simplemente justificaría que dijéramos: El pensamiento genuino siempre debe ser querido. Pero esto es bastante irrelevante para la caracterización del pensamiento como se ha dado en la discusión anterior. Admitiendo que la naturaleza del pensamiento implica necesariamente su *voluntad*, el punto que importa es que no se quiere nada que, al llevarse a cabo, no aparezca ante el "yo" como una actividad completamente propia y bajo su propia supervisión. De hecho, debemos decir que debido a la naturaleza misma del pensamiento tal como se define aquí, *debe* aparecer al observador como deseado de principio a fin. Si realmente hacemos el esfuerzo de comprender todo lo que es relevante para un juicio sobre la naturaleza del pensamiento, no podemos dejar de ver que esta actividad del alma tiene el carácter único que hemos descrito aquí.

Una persona a quien el autor de este libro califica muy altamente como pensador ha objetado que es imposible hablar de pensar como lo estamos haciendo aquí, porque lo que uno cree haber observado como pensamiento activo no es más que una ilusión. En realidad, uno está observando sólo los resultados de una actividad inconsciente que se encuentra en la base del pensamiento. Sólo porque esta actividad inconsciente no se observa surge la ilusión de que el pensamiento observado existe por derecho propio, al igual que cuando en una iluminación por medio de una rápida sucesión de chispas eléctricas creemos que estamos viendo un movimiento continuo. Esta objeción, también, se basa sólo en una visión inexacta de los hechos. Al hacerlo, se olvida que es el "yo" mismo el que, desde su punto de vista *dentro* del pensamiento, observa su *propia* actividad. El "yo" tendría que estar fuera del pensamiento para sufrir el tipo de engaño causado por una iluminación con una rápida sucesión de chispas eléctricas. Sería mucho más cierto decir que precisamente al usar tal analogía uno se está engañando a la fuerza a sí mismo, como si alguien que ve una luz en movimiento insistiera en que está siendo recién iluminada por una mano desconocida en cada punto donde aparece. No, quienquiera que esté decidido a ver en el pensamiento algo más que una actividad claramente examinable producida por el "yo" mismo, primero debe cerrar los ojos a los hechos claros que están ahí para ver, para luego inventar una actividad hipotética como base del pensamiento. Si no se ciega a sí mismo, tendrá que reconocer que todo lo que "piensa" de esta manera como una adición al pensamiento sólo lo aleja de su verdadera naturaleza. La observación sin prejuicios muestra que nada debe contarse como perteneciente a la naturaleza del pensamiento, excepto lo que se encuentra *en* el pensamiento mismo. Uno nunca llegará a algo que es la *causa* del pensamiento si uno sale del reino del pensamiento mismo.

EL MUNDO COMO PERCEPCIÓN

A través del pensamiento, surgen *conceptos* e *ideas*. Lo que es un concepto no se puede expresar con palabras. Las palabras no pueden hacer más que llamar nuestra atención sobre el hecho de que tenemos conceptos. Cuando alguien ve un árbol, su pensamiento reacciona a su observación, se agrega un elemento ideal al objeto y considera que el objeto y la contraparte ideal pertenecen juntos. Cuando el objeto desaparece de su campo de observación, sólo queda la contraparte ideal del mismo. Este último es el *concepto* del objeto. Cuanto más se amplía nuestro rango de experiencia, mayor es la suma de nuestros conceptos. Pero los conceptos ciertamente no están aislados unos de otros. Se combinan para formar un todo sistemáticamente ordenado. El concepto "organismo", por ejemplo, se vincula con los de "desarrollo ordenado" y "crecimiento". Otros conceptos que se basan en objetos *individuales* se fusionan en una unidad. Todos los conceptos que puedo formar de leones se funden en el concepto colectivo "león". De esta manera, todos los conceptos separados se combinan para formar un sistema conceptual cerrado en el que cada uno tiene su lugar especial. *Las ideas* no difieren cualitativamente de los conceptos. No son más que conceptos más completos, más saturados, más completos. Debo dar especial importancia a la necesidad de tener en cuenta, aquí, que hago del pensamiento mi punto de partida, y no *los conceptos* e *ideas* que primero se obtienen por medio del pensamiento. Para estos últimos ya presuponen el pensamiento. Mis observaciones sobre la naturaleza autosuficiente y autodeterminada del pensamiento no pueden, por lo tanto, transferirse simplemente a conceptos. (Hago mención especial de esto, porque es aquí donde difiero de Hegel, quien considera el concepto como algo primario y original).

Los conceptos no se pueden obtener a través de la observación. Esto se deduce del simple hecho de que el ser humano en crecimiento sólo forma lenta y gradualmente los conceptos correspondientes a los objetos que lo rodean. Los conceptos se *añaden* a la observación.

Un filósofo ampliamente leído en la actualidad, Herbert Spencer, describe el proceso mental que llevamos a cabo con respecto a la observación de la siguiente manera:

Si, al caminar por los campos algún día de septiembre, escuchas un crujido con unos metros de anticipación, y al observar el lado de la zanja donde ocurre, ves la hierba agitada, probablemente te volverás hacia el lugar para aprender por qué se producen este sonido y movimiento. A medida que te acercas revolotea en la zanja una perdiz; Al ver cuál es tu curiosidad satisfecha, tienes lo que llamas una *explicación* de las apariencias. La explicación, la marca, equivale a esto; que mientras que a lo largo de la vida has tenido innumerables experiencias de perturbación entre pequeños cuerpos estacionarios, acompañando el movimiento de otros cuerpos entre ellos, y has generalizado la relación entre tales perturbaciones y tales movimientos, consideras que esta perturbación particular explicada al encontrarla presenta un ejemplo de la relación similar.

Un análisis más detallado muestra que las cosas están en una posición muy diferente de la forma descrita anteriormente. Cuando escucho un ruido, primero busco el concepto que se ajusta a esta observación. Es este concepto el que primero me lleva más allá del mero ruido. Si uno no piensa más, simplemente oye el ruido y se contenta con dejarlo así. Pero mi reflexión me deja claro que tengo que considerar el ruido como un efecto. Por lo tanto, no es hasta que he conectado el concepto de *efecto* con la percepción del ruido, que siento la necesidad de ir más allá de la observación solitaria y buscar la *causa*. El concepto de *efecto* evoca al de causa, y mi siguiente paso es buscar el objeto que está siendo la causa, que encuentro en la forma de la perdiz. Pero estos conceptos, causa y efecto, nunca puedo ganar a través de la mera observación, por muchos casos que la observación pueda cubrir. La observación evoca el pensamiento, y es el pensamiento lo primero que me muestra cómo vincular una experiencia separada con otra.

Si uno exige de una "ciencia estrictamente objetiva" que tome su contenido de la observación solamente, entonces uno debe al mismo tiempo exigir que renuncie a todo pensamiento. Porque el pensamiento, por su propia naturaleza, va más allá de lo observado.

Ahora debemos pasar del pensamiento al ser que piensa; Porque es a través del pensador que el pensamiento se combina con la observación. La conciencia humana es el escenario en el que el concepto y la observación se encuentran y se vinculan entre sí. Al decir esto, de hecho, hemos caracterizado esta conciencia (humana). Es el mediador entre el pensamiento y la observación. En la medida en que observamos una cosa, nos parece *dada*; en la medida en que pensamos, nos parecemos a nosotros mismos como *activos*. Consideramos la cosa como *objeto* y a nosotros mismos como *sujeto pensante*. Debido a que dirigimos nuestro pensamiento a nuestra observación, tenemos conciencia de los objetos; Debido a que lo dirigimos sobre nosotros mismos, tenemos conciencia de nosotros mismos, o *autoconciencia*. La conciencia humana debe ser necesariamente al mismo tiempo autoconciencia porque es una conciencia que *piensa*. Porque cuando el pensamiento contempla su propia actividad, convierte su propio ser esencial, como sujeto, en una *cosa*, como objeto.

Sin embargo, no debe pasarse por alto que solo con la ayuda del pensamiento puedo determinarme como sujeto y contrastarme con los objetos. Por lo tanto, el pensamiento nunca debe considerarse como una actividad meramente subjetiva. El pensamiento está *más allá del* sujeto y el objeto. Produce estos dos conceptos tal como produce todos los demás. Por lo tanto, cuando yo, como sujeto pensante, remito un concepto a un objeto, no debemos considerar esta referencia como algo puramente subjetivo. No es el sujeto el que hace la referencia, sino el pensamiento. El sujeto no piensa porque es un sujeto; más bien se aparece a sí mismo como sujeto porque puede pensar. La actividad ejercida por el hombre como ser *pensante* no es, por lo tanto, meramente subjetiva. Más bien es algo ni subjetivo ni objetivo, que trasciende ambos conceptos. Nunca debo decir que mi sujeto individual piensa, sino mucho más que mi sujeto individual vive por la gracia de pensar. El pensamiento es, por lo tanto, un elemento que me lleva más allá de mí mismo y me conecta con los objetos. Pero al mismo tiempo me separa de ellos, en la medida en que me pone como sujeto en contra de ellos.

Es precisamente esto lo que constituye la doble naturaleza del hombre. Él piensa, y por lo tanto se abraza a sí mismo y al resto del mundo. Pero al mismo tiempo es por medio del pensamiento que se determina a sí mismo como un *individuo* que enfrenta las *cosas*.

Luego debemos preguntarnos cómo ese otro elemento, que hasta ahora hemos llamado simplemente el objeto de observación y que se encuentra con el pensamiento en nuestra conciencia, entra en nuestra conciencia en absoluto.

Para responder a esta pregunta debemos eliminar de nuestro campo de observación todo lo que ha sido importado por el pensamiento. Porque en cualquier momento el contenido de nuestra conciencia ya estará entretejido con conceptos de las más variadas maneras.

Debemos imaginar que un ser con inteligencia humana completamente desarrollada se origina de la nada y se enfrenta al mundo. De lo que sería consciente, antes de poner en marcha su pensamiento, sería del contenido puro de la observación. El mundo aparecería entonces a este ser como nada más que un mero agregado desconectado de *objetos de sensación*: colores, sonidos, sensaciones de presión, de calor, de gusto y olor; también sentimientos de placer y dolor. Este agregado es el contenido de la observación pura e irreflexiva. Frente a ella se encuentra el pensamiento, listo para comenzar su actividad tan pronto como se presente un punto de ataque. La experiencia demuestra de inmediato que esto sucede. El pensamiento es capaz de trazar hilos de un elemento de observación a otro. Vincula conceptos definidos con estos elementos y, por lo tanto, establece una relación entre ellos. Ya hemos visto cómo un ruido que escuchamos se conecta con otra observación al identificar el primero como el efecto del segundo.

Si ahora recordamos que la actividad del pensamiento no debe considerarse en ningún caso meramente subjetiva, entonces tampoco nos sentiremos tentados a creer que las relaciones así establecidas por el pensamiento tienen una validez meramente subjetiva.

Nuestra siguiente tarea es descubrir por medio de la reflexión reflexiva qué relación tiene el contenido inmediatamente dado de la observación mencionado anteriormente con el sujeto consciente.

La ambigüedad del discurso actual hace necesario que llegue a un acuerdo con mis lectores sobre el uso de una palabra que tendré que emplear en lo que sigue. Aplicaré la palabra "percepto" a los objetos inmediatos de sensación enumerados anteriormente, en la medida en que el sujeto consciente los aprehenda a través de la observación. No es, entonces, el *proceso* de observación sino el *objeto* de observación lo que yo llamo el "percepto".

No elijo el término "sensación", ya que esto tiene un significado definido en fisiología que es más estrecho que el de mi concepto de "percepto". Puedo hablar de un sentimiento en mí mismo (emoción) como percepto, pero no como sensación en el sentido fisiológico del término. Incluso mi sentimiento se vuelve conocido por mí al convertirse en una *percepción* para mí. Y la forma en que obtenemos conocimiento de nuestro pensamiento a través de la observación es tal que el pensamiento también, en su primera aparición para nuestra conciencia, puede llamarse una percepción.

El hombre ingenuo considera sus percepciones, tal como parecen para su inmediata aprehensión, como cosas que tienen una existencia totalmente independiente de él. Cuando ve un árbol, cree en primera instancia que se encuentra en la forma que ve, con los colores de sus diversas partes, y así sucesivamente, allí en el lugar hacia el que se dirige su mirada. Cuando el mismo hombre ve aparecer el sol por la mañana como un disco en el horizonte, y sigue el curso de este disco, cree que todo esto realmente existe y sucede tal como lo observa. A esta creencia se aferra hasta que se encuentra con otros perceptos que contradicen los anteriores. El niño que aún no tiene experiencia de la distancia se aferra a la luna, y sólo corrige su imagen de la realidad, basada en las primeras impresiones, cuando una segunda percepción contradice a la primera. Cada extensión del círculo de mis percepciones me obliga a corregir mi imagen del mundo. Vemos esto en la vida cotidiana, así como en el desarrollo espiritual de la humanidad. La imagen que los antiguos hicieron para sí mismos de la relación de la tierra con el sol y otros cuerpos celestes tuvo que ser reemplazada por otra cuando Copérnico descubrió que no estaba de acuerdo con algunos perceptos, que en aquellos primeros días eran desconocidos. Un hombre que había nacido ciego dijo, cuando fue operado por el Dr. Franz, que la imagen del tamaño de los objetos que había formado por su sentido del tacto antes de su operación era muy diferente. Tuvo que corregir sus percepciones tactuales por sus percepciones visuales.

¿Cómo es que nos vemos obligados a hacer estas continuas correcciones a nuestras observaciones?

Una simple reflexión da la respuesta a esta pregunta.

Cuando me paro en un extremo de una avenida, los árboles en el otro extremo, lejos de mí, parecen más pequeños y cercanos que aquellos donde estoy parado. Mi percepción-imagen cambia cuando cambio el lugar desde el que estoy mirando. Por lo tanto, la forma en que se presenta a mí depende de una condición que no se debe al objeto sino a mí, el perceptor. Es lo mismo en la avenida dondequiera que me encuentre. Pero la imagen que tengo de ello depende esencialmente de este punto de vista. De la misma manera, no hace ninguna diferencia para el sol y el sistema planetario que los seres humanos los miren desde la tierra; Pero la imagen perceptiva de los cielos que se les presenta está determinada por el hecho de que habitan la tierra. Esta dependencia de nuestra imagen perceptiva en nuestro lugar de observación es la más fácil de entender. El asunto se vuelve más difícil cuando nos damos cuenta de cómo nuestro mundo de percepciones depende de nuestra organización corporal y espiritual. El físico nos muestra que dentro del espacio en el que escuchamos un sonido hay vibraciones del aire, y también que el cuerpo en el que buscamos el origen del sonido exhibe un movimiento vibrante de sus partes. Percibimos este movimiento como sonido sólo si tenemos un oído normalmente construido. Sin esto, el mundo estaría siempre en silencio para nosotros. La fisiología nos dice que hay personas que no perciben nada del magnífico esplendor del color que nos rodea. Su percepción-imagen sólo tiene grados de luz y oscuridad. Otros son ciegos solo a un color, por ejemplo, rojo. Su imagen del mundo carece de este matiz, y por lo tanto es en realidad diferente de la del hombre promedio. Me gustaría llamar "matemática" a la dependencia de mi imagen perceptiva de mi lugar de observación, y su dependencia de mi organización. El primero determina las proporciones de tamaño y las distancias mutuas de mis percepciones, el segundo su calidad. El hecho de que vea una superficie roja como roja, esta determinación cualitativa, depende de la organización de mi ojo.

Mis imágenes perceptivas, entonces, son en primera instancia subjetivas. El reconocimiento del carácter subjetivo de nuestras percepciones puede llevarnos fácilmente a dudar de si existe alguna base objetiva para ellas. Cuando nos damos cuenta de que una percepción, por ejemplo la de un color rojo o de cierto tono, no es posible sin una estructura específica de nuestro organismo, podemos fácilmente hacernos creer que no tiene permanencia aparte de nuestra organización subjetiva y que, si no fuera por nuestro acto de percibirla como un objeto, no existiría en ningún sentido. El representante clásico de este punto de vista es George Berkeley, quien sostuvo que desde el momento en que nos damos cuenta de la importancia del *sujeto* para la percepción, ya no somos capaces de creer en la existencia de un mundo sin un Espíritu consciente.

Algunas verdades son tan cercanas y obvias para la mente que el hombre sólo necesita abrir los ojos para verlas. Tal es como yo que este importante es, a saber, que todo el coro del cielo y los muebles de la tierra, en una palabra, todos aquellos cuerpos que componen el poderoso marco del mundo, no tienen ninguna subsistencia sin una mente, que su ser debe ser percibido o conocido; que, en consecuencia, mientras no sean realmente percibidos por mí, o no existen en mi mente o en la de cualquier otro *espíritu creado*, o bien no deben tener existencia en absoluto, *o bien subsistir en la mente de algún Espíritu Eterno*.

Desde este punto de vista, cuando quitamos el hecho de ser percibido, nada queda de la percepción. No hay color cuando no se ve ninguno, no hay sonido cuando no se oye ninguno. La extensión, la forma y el movimiento existen tan poco como el color y el sonido, aparte del acto de percepción. En ninguna parte vemos extensión o forma desnuda, pero estas siempre están ligadas con el color o alguna otra cualidad incuestionablemente dependiente de nuestra subjetividad. Si estos últimos desaparecen cuando dejamos de percibirlos, entonces los primeros, al estar ligados a ellos, deben desaparecer de la misma manera.

A la objeción de que debe haber cosas que existen aparte de la conciencia y a las que las imágenes perceptivas conscientes son similares, aunque la figura, el color, el sonido, etc., no tengan existencia excepto dentro del acto de percibir, el punto de vista anterior respondería que un color puede ser similar solo a un color, una figura solo a una figura. Nuestros perceptos pueden ser similares sólo a nuestros perceptos y a nada más. Incluso lo que llamamos un objeto no es más que una colección de percepciones que están conectadas de una manera particular. Si despojo a una tabla de su forma, extensión, color, etc. En resumen, de todo lo que no es más que mi percepción, entonces nada queda por encima. Este punto de vista, seguido lógicamente, conduce a la afirmación de que los objetos de mis percepciones existen sólo a través de mí, y de hecho sólo en la medida en que los percibo; Desaparecen con mi percepción y no tienen ningún significado aparte de ella. Aparte de mis percepciones, no conozco ningún objeto y no puedo saber de ninguno.

No se puede hacer ninguna objeción a esta afirmación mientras me refiera simplemente al hecho general de que la percepción está determinada en parte por la organización de mí mismo como sujeto. El asunto parecería muy diferente si estuviéramos en condiciones de decir exactamente qué papel juega nuestra percepción en la obtención de un percepto. Entonces deberíamos saber qué le sucede a un percepto mientras está siendo percibido, y también deberíamos ser capaces de determinar qué carácter ya debe poseer antes de que llegue a ser percibido.

Esto nos lleva a dirigir nuestra atención del objeto de percepción al sujeto de percepción. No solo percibo otras cosas, sino también a mí mismo. La percepción de mí mismo contiene, para empezar, el hecho de que yo soy el elemento estable en contraste con el continuo ir y venir de las imágenes perceptivas. La percepción de mi "yo" siempre puede surgir en mi conciencia mientras tengo otras percepciones. Cuando estoy absorto en la percepción de un objeto dado, por el momento soy consciente sólo de este objeto. A esto se puede añadir la percepción de mí mismo. Entonces soy consciente no sólo del objeto, sino también de mi propia personalidad que se enfrenta al objeto y lo observa. No sólo veo un árbol, sino que también sé que *soy yo* quien lo está viendo. Sé, además, que algo sucede en mí mientras estoy observando el árbol. Cuando el árbol desaparece de mi campo de visión, un efecto secundario de este proceso permanece en mi conciencia: una imagen del árbol. Esta imagen se ha asociado con mi yo durante mi observación. Mi yo se ha enriquecido; Su contenido ha absorbido un nuevo elemento. A este elemento lo llamo mi *imagen mental* del árbol. Nunca debería tener ocasión de hablar de *imágenes mentales* si no las experimentara en la percepción de mi propio yo. Las percepciones iban y venían; Debería dejarlos pasar. Sólo porque me percibo a mí mismo, y observo que con cada percepción el contenido de mi yo, también, cambia, me veo obligado a conectar la observación del objeto con los cambios en mi propia condición, y a hablar de mi *imagen mental*.

Percibo la imagen mental en mí mismo en el mismo sentido que percibo el color, el sonido, etc., en otros objetos. Ahora también soy capaz de distinguir estos otros objetos que me confrontan, llamándolos *el mundo exterior*, mientras que el contenido de mi percepción de mí mismo lo llamo mi *mundo interior*. El fracaso en reconocer la verdadera relación entre la imagen mental y el objeto ha llevado a los mayores malentendidos en la filosofía moderna. La percepción de un cambio en mí, la modificación que sufre mi yo, ha sido empujada al primer plano, mientras que el objeto que causa esta modificación se pierde de vista por completo. Se ha dicho que no percibimos objetos, sino sólo nuestras imágenes mentales. No sé, por lo que se dice, nada de la mesa en sí misma, que es el objeto de mi observación, sino sólo del cambio que ocurre dentro de mí mientras estoy percibiendo la mesa. Este punto de vista no debe confundirse con la teoría de Berkeleyan mencionada anteriormente. Berkeley mantiene la naturaleza subjetiva del contenido de mis percepciones, pero no dice que mi conocimiento se limita a mis imágenes mentales. Limita mi conocimiento a mis imágenes mentales porque, en su opinión, no hay objetos aparte de la imagen mental. Lo que considero una mesa ya no existe, según Berkeley, cuando dejo de mirarla. Esta es la razón por la que Berkeley sostiene que mis percepciones surgen directamente a través de la omnipotencia de Dios. Veo una mesa porque Dios invoca esta percepción en mí. Para Berkeley, por lo tanto, no hay seres reales aparte de Dios y los espíritus humanos. Lo que llamamos el "mundo" existe sólo en estos espíritus. Lo que el hombre ingenuo llama el mundo exterior, o naturaleza corporal, es para Berkeley inexistente. Esta teoría se enfrenta a la visión kantiana ahora predominante que limita nuestro conocimiento del mundo a nuestras imágenes mentales, no porque esté convencida de que las cosas no pueden existir más allá de estas imágenes mentales, sino porque cree que estamos tan organizados que solo podemos experimentar los cambios de nosotros mismos, pero no las cosas en sí mismas que causan estos cambios. Este punto de vista concluye del hecho de que sólo conozco mis imágenes mentales, no que no haya una realidad independiente de ellas, sino sólo que el sujeto no puede asimilar directamente tal realidad. El sujeto puede simplemente, "a través de sus pensamientos subjetivos, imaginarlo, inventarlo, pensarlo, conocerlo, o tal vez incluso no conocerlo". Esta concepción (kantiana) cree que da expresión a algo absolutamente cierto, algo que es inmediatamente evidente, que no requiere ninguna prueba.

La primera proposición fundamental que el filósofo debe llevar a la conciencia clara es el reconocimiento de que nuestro conocimiento, *para empezar*, se limita a nuestras imágenes mentales. Nuestras imágenes mentales son las únicas cosas que conocemos directamente, experimentamos directamente; Y sólo porque tenemos experiencia directa de ellos, incluso la duda más radical no puede robarnos nuestro conocimiento de ellos. Por otro lado, el conocimiento que va más allá de mis imágenes mentales —tomando imágenes mentales aquí en el sentido más amplio posible, para incluir todos los procesos psíquicos— no es prueba contra la duda. Por lo tanto, *al comienzo de toda filosofar* debemos establecer explícitamente todo el conocimiento que va más allá de las imágenes mentales como abierto a la duda.

Estas son las frases iniciales del libro de Volkelt sobre la *Teoría del Conocimiento de Immanuel Kant*. Lo que aquí se presenta como una verdad inmediata y evidente es en realidad el resultado de una operación de pensamiento que funciona de la siguiente manera: El hombre ingenuo cree que las cosas, tal como las percibimos, existen también fuera de nuestra conciencia. La física, la fisiología y la psicología, sin embargo, parecen enseñarnos que para nuestras percepciones nuestra organización es necesaria, y que, por lo tanto, no podemos saber nada sobre los objetos externos, excepto lo que nuestra organización nos transmite. Nuestras percepciones son, por lo tanto, modificaciones de nuestra organización, no cosas en sí mismas. De hecho, esta línea de pensamiento ha sido caracterizada por Eduard von Hartmann como la que debe conducir a la convicción de que sólo podemos tener conocimiento directo de nuestras imágenes mentales. Debido a que, fuera de nuestro organismo, encontramos vibraciones de cuerpos físicos y del aire que son percibidas por nosotros como sonido, se concluye que lo que llamamos sonido no es más que una reacción subjetiva de nuestro organismo a estos movimientos en el mundo externo. Del mismo modo, se concluye que el color y el calor son meras modificaciones de nuestro organismo. Y, además, se considera que estos dos tipos de percepciones se producen en nosotros a través de procesos en el mundo externo que son completamente diferentes de lo que experimentamos como calor o como color. Cuando estos procesos estimulan los nervios de mi piel, tengo la percepción subjetiva del calor; cuando estimulan el nervio óptico, percibo la luz y el color. La luz, el color y el calor, entonces, son las respuestas de mis nervios sensoriales a los estímulos externos. Incluso el sentido del tacto me revela, no los objetos del mundo exterior, sino sólo los estados de mi propio cuerpo. En el sentido de la física moderna, uno podría pensar de alguna manera que los cuerpos consisten en partículas infinitamente pequeñas llamadas moléculas, y que estas moléculas no están en contacto directo, sino que están a ciertas distancias entre sí. Entre ellos, por lo tanto, hay espacio vacío. A través de este espacio actúan unos sobre otros por fuerzas de atracción y repulsión. Si pongo mi mano sobre un cuerpo, las moléculas de mi mano de ninguna manera tocan directamente las del cuerpo, pero sigue habiendo una cierta distancia entre cuerpo y mano, y lo que experimento como resistencia del cuerpo no es más que el efecto de la fuerza de repulsión que sus moléculas ejercen sobre mi mano. Soy absolutamente externo al cuerpo y percibo sólo sus efectos en mi organismo.

En la ampliación de esta discusión, está la teoría de las llamadas Energías Nerviosas Específicas, avanzada por J. Müller (1801-1858). Afirma que cada sentido tiene la peculiaridad de que responde a todos los estímulos externos de una sola manera particular. Si se estimula el nervio óptico, se produce la percepción de la luz, independientemente de si la estimulación se debe a lo que llamamos luz, o si la presión mecánica o una corriente eléctrica trabajan sobre el nervio. Por otro lado, el mismo estímulo externo aplicado a diferentes sentidos da lugar a diferentes percepciones. La conclusión de estos hechos parece ser que nuestros sentidos sólo pueden transmitir lo que ocurre en sí mismos, pero nada del mundo externo. Ellos determinan nuestros percepciones, cada una de acuerdo con su propia naturaleza.

La fisiología muestra que no puede haber conocimiento directo ni siquiera de los efectos que los objetos producen en nuestros órganos sensoriales. A través del seguimiento de los procesos que ocurren en nuestros propios cuerpos, el fisiólogo encuentra que, incluso en los sentidos de los órganos, los efectos del movimiento externo se transforman de las maneras más múltiples. Podemos ver esto más claramente en el caso de los ojos y los oídos. Ambos son órganos muy complicados que modifican considerablemente el estímulo externo antes de conducirlo al nervio correspondiente. Desde el extremo periférico del nervio, el estímulo ya modificado se conduce al cerebro. Sólo ahora se pueden estimular los órganos centrales. Por lo tanto, se concluye que el proceso externo sufre una serie de transformaciones antes de alcanzar la conciencia. Lo que sucede en el cerebro está conectado por tantos vínculos intermedios con el proceso externo, que cualquier similitud con este último está fuera de discusión. Lo que el cerebro transmite en última instancia al alma no son ni procesos externos, ni procesos en los órganos sensoriales, sino sólo los que ocurren en el cerebro. Pero incluso estos no son percibidos directamente por el alma. Lo que finalmente tenemos en la conciencia no son procesos cerebrales en absoluto, sino *sensaciones*. Mi sensación de rojo no tiene absolutamente ninguna similitud con el proceso que ocurre en el cerebro cuando siento rojo. El enrojecimiento, de nuevo, sólo aparece como un efecto en el alma, y el proceso cerebral es simplemente su causa. Esta es la razón por la que Hartmann dice: "Lo que el sujeto percibe, por lo tanto, son siempre sólo modificaciones de sus propios estados psíquicos y nada más". [5] Sin embargo, cuando tengo las sensaciones, éstas están todavía muy lejos de ser agrupadas en lo que percibo como "cosas". Sólo sensaciones individuales pueden ser transmitidas por el cerebro. Las sensaciones de dureza y suavidad me son transmitidas por el sentido del tacto, las de color y la luz por el sentido de la vista. Sin embargo, todos estos se encuentran unidos en un mismo objeto. Esta unificación, por lo tanto, sólo puede ser llevada a cabo por el alma misma; Es decir, el alma combina las sensaciones separadas, mediadas a través del cerebro, en cuerpos. Mi cerebro me transmite individualmente, y por caminos muy diferentes, las sensaciones visuales, táctiles y auditivas que el alma luego combina en la imagen mental de una trompeta. Es sólo este último eslabón en un proceso (la imagen mental de la trompeta) que para mi conciencia es lo primero que se da. En él ya no se puede encontrar nada de lo que existe fuera de mí y originalmente causó una impresión en mis sentidos. El objeto externo se ha perdido por completo en el camino hacia el cerebro y a través del cerebro hacia el alma.

Sería difícil encontrar en la historia de la cultura humana otro edificio de pensamiento que haya sido construido con mayor ingenio, y que, sin embargo, en un análisis más detallado, se derrumbe en nada. Miremos un poco más de cerca la forma en que se ha construido. Uno comienza con lo que se da en la conciencia ingenua, con la cosa tal como se percibe. Entonces uno muestra que ninguna de las cualidades que encontramos en esta cosa existiría para nosotros si no tuviéramos órganos sensoriales. Sin ojo, sin color. Por lo tanto, el color aún no está presente en lo que afecta al ojo. Surge primero a través de la interacción del ojo y el objeto. Este último es, por lo tanto, incoloro. Pero tampoco lo es el color en el ojo, porque en el ojo sólo hay un proceso químico o físico que primero es conducido por el nervio óptico al cerebro, y allí inicia otro proceso. Incluso este aún no es el color. Eso sólo se produce en el alma por medio del proceso cerebral. Incluso entonces aún no entra en mi conciencia, sino que primero es transferido por el alma a un cuerpo en el mundo externo. Allí, sobre este cuerpo, finalmente creo que lo percibo. Hemos viajado en un círculo completo. Nos volvimos conscientes de un cuerpo coloreado. Eso es lo primero. Aquí comienza la operación de pensamiento. Si no tuviera ojo, el cuerpo sería, para mí, incoloro. Por lo tanto, no puedo atribuir el color al cuerpo. Empiezo a buscarlo. Lo busco a los ojos, en vano; en el nervio — en vano; en el cerebro, en vano una vez más; en el alma, aquí lo encuentro de hecho, pero no apegado al cuerpo. Encuentro el cuerpo coloreado de nuevo sólo al regresar a mi punto de partida. El círculo se ha completado. Creo que estoy conociendo como producto de mi alma lo que el hombre ingenuo considera que existe fuera de él, en el espacio.

Mientras uno se detenga aquí, todo parece encajar maravillosamente. Pero debemos repasar todo el asunto de nuevo desde el principio. Hasta ahora he estado tratando con algo —la percepción externa— de la cual, desde mi punto de vista ingenuo, he tenido hasta ahora una concepción totalmente equivocada. Pensé que el percepto, tal como yo lo percibo, tenía existencia objetiva. Pero ahora observo que desaparece junto con mi imagen mental, que es sólo una modificación de mi estado interior del alma. ¿Tengo, entonces, algún derecho a partir de ello en mis argumentos? ¿Puedo decir de ella que actúa sobre mi alma? De ahora en adelante debo tratar la mesa, de la cual antes creía que actuaba sobre mí y producía una imagen mental de sí misma en mí, como una imagen mental. Pero de esto se deduce lógicamente que mis órganos sensoriales y los procesos en ellos también son meramente subjetivos. No tengo derecho a hablar de un ojo real, sino sólo de mi imagen mental del ojo. Exactamente lo mismo es cierto de los caminos nerviosos, y el proceso cerebral, y no menos del proceso en el alma misma, a través del cual se supone que las cosas se construyen a partir del caos de múltiples sensaciones. Si, asumiendo la verdad del primer círculo de argumentación, repaso los pasos de mi acto de cognición una vez más, este último se revela como un tejido de imágenes mentales que, como tales, no pueden actuar entre sí. No puedo decir que mi imagen mental del objeto actúa sobre mi imagen mental del ojo, y que de esta interacción resulta mi imagen mental del color. Tampoco es necesario que yo diga esto. Porque tan pronto como veo claramente que mis órganos sensoriales y su actividad, mis procesos nerviosos y del alma, también pueden ser conocidos por mí sólo a través de la percepción, la línea de pensamiento que he esbozado se revela en su completo absurdo. Es muy cierto que no puedo tener percepción sin el órgano sensorial correspondiente. Pero tan poco puedo ser consciente de un órgano sensorial sin percepción. De la percepción de una mesa puedo pasar al ojo que la ve, o a los nervios de la piel que la tocan, pero lo que ocurre en estos puedo, a su vez, aprender sólo de la percepción. Y entonces pronto me doy cuenta de que no hay rastro de similitud entre el proceso que tiene lugar en el ojo y el color que percibo. No puedo eliminar mi percepción del color señalando el proceso que tiene lugar en el ojo durante esta percepción. Ya no puedo redescubrir el color en los procesos nerviosos o cerebrales. Sólo añado nuevos perceptos, localizados dentro del organismo, al primer percepto, que el hombre ingenuo localiza fuera de su organismo. Simplemente paso de una percepción a otra.

Además, hay una laguna en todo el argumento. Puedo

seguir los procesos en mi organismo hasta los de mi cerebro, a pesar de que mis suposiciones se vuelven cada vez más hipotéticas a medida que me acerco a los procesos centrales del cerebro. El camino de la observación *externa* cesa con el proceso en mi cerebro, más particularmente con el proceso que debería observar si pudiera tratar con el cerebro usando los instrumentos y métodos de la física y la química. El camino de la observación *interna* comienza con la sensación , y continúa hasta la construcción de *cosas* a partir del material de la sensación. En el punto de transición del proceso cerebral a la sensación, el camino de la observación se interrumpe.

La forma de pensar aquí descrita, conocida como idealismo crítico, en contraste con el punto de vista de la conciencia ingenua conocido como realismo ingenuo, comete el error de caracterizar una percepción como imagen mental mientras toma la otra en el mismo sentido que el realismo ingenuo que aparentemente refuta. Quiere probar que los perceptos tienen el carácter de imágenes mentales aceptando ingenuamente los perceptos conectados con el propio organismo como hechos objetivamente válidos; Y más allá de esto, no ve que confunde dos esferas de observación, entre las cuales no puede encontrar ninguna conexión.

El idealismo crítico puede refutar el realismo ingenuo sólo asumiendo por sí mismo, de manera ingenua-realista, que el propio organismo tiene existencia objetiva. Tan pronto como el idealista se da cuenta de que los perceptos conectados con su propio organismo son exactamente de la misma naturaleza que aquellos que el realismo ingenuo asume que tienen existencia objetiva, ya no puede usar esos perceptos como una base segura para su teoría. Tendría que considerar incluso su propia organización subjetiva como un mero complejo de imágenes mentales. Pero esto elimina la posibilidad de considerar el contenido del mundo percibido como un producto de nuestra organización espiritual. Uno tendría que asumir que el "color" de la imagen mental era sólo una modificación de la imagen mental "ojo". El llamado idealismo crítico no puede *probarse* sin tomar prestado del realismo ingenuo. El realismo ingenuo sólo puede ser *refutado* si, en otra esfera, sus propias suposiciones son aceptadas sin prueba como válidas.

Esto es cierto, entonces: la investigación dentro del mundo de los perceptos no puede establecer el idealismo crítico y, en consecuencia, no puede despojar a los perceptos de su carácter objetivo.

Menos aún puede el principio "*el mundo percibido es mi imagen mental*" ser reclamado como obvio y no necesita pruebas. Schopenhauer comienza su obra principal[6] con las palabras:

El mundo es mi imagen mental; esta es una verdad que vale para todo lo que vive y conoce, aunque solo el hombre puede llevarlo a la conciencia reflexiva y abstracta. Si realmente hace esto, ha alcanzado la discreción filosófica. Entonces se vuelve claro y seguro para él que no conoce el sol ni la tierra, sino sólo un ojo que ve un sol, una mano que siente una tierra; que el mundo que lo rodea está allí sólo como imagen mental, es decir, sólo en relación con otra cosa, con el que lo imagina, que es él mismo. Si alguna verdad puede afirmarse *a priori*, es ésta, porque es la expresión de esa forma de toda experiencia posible y pensable que es más universal que todas las demás, que el tiempo, el espacio o la causalidad, porque todo esto lo presupone...

Toda esta teoría está arruinada por el hecho, ya mencionado, de que el ojo y la mano son perceptos no menos que el sol y la tierra. Usando las expresiones de Schopenhauer en su propio sentido, podríamos responder: Mi ojo que ve el sol, mi mano que siente la tierra, son mis imágenes mentales tanto como el sol y la tierra misma. Que con esto toda la teoría se cancela a sí misma, está claro sin más argumentos. Porque sólo mi ojo y mi mano reales podrían tener las imágenes mentales "sol" y "tierra" como modificaciones de sí mismos; Las imágenes mentales "ojo" y "mano" no pueden tenerlos. Sin embargo, es sólo de estas imágenes mentales que el idealismo crítico puede hablar. El idealismo crítico es totalmente inadecuado para formarse una opinión sobre la relación entre la percepción y la imagen mental. No puede comenzar a hacer la distinción, mencionada anteriormente, entre lo que le sucede al percepto en el proceso de percepción y lo que debe ser inherente a él antes de la percepción. Por lo tanto, debemos abordar este problema de otra manera.

EL ACTO DE CONOCER EL MUNDO

De las consideraciones anteriores se deduce que es imposible probar investigando el contenido de nuestra observación que nuestras percepciones son imágenes mentales. Se supone que tal prueba se establece mostrando que, si el proceso de percepción tiene lugar de la manera en que, sobre la base de suposiciones ingenuas y realistas sobre nuestra constitución psicológica y fisiológica, imaginamos que lo hace, entonces tenemos que ver, no con las cosas en sí mismas, sino solo con nuestras imágenes mentales de las cosas. Ahora bien, si el realismo ingenuo, cuando se piensa consistentemente, conduce a resultados que contradicen directamente sus presuposiciones, entonces estas presuposiciones deben descartarse como inadecuadas para el fundamento de una filosofía universal. En cualquier caso, no es permisible rechazar las presuposiciones y, sin embargo, aceptar las consecuencias, como lo hace el idealista crítico cuando basa su afirmación de que el mundo es mi imagen mental en la línea de argumentación ya descrita. (Eduard von Hartmann da una explicación completa de esta línea de argumentación en su obra, *Das Grundproblem der Erkenntnistheorie*.)

La verdad del idealismo crítico es una cosa, la fuerza de

su prueba otra. Cómo se encuentra con el primero aparecerá más adelante en el curso de este libro, pero la fuerza de su prueba es exactamente nula. Si uno construye una casa, y la planta baja se derrumba mientras se construye el primer piso, entonces el primer piso también se derrumba. El realismo ingenuo y el idealismo crítico se relacionan como planta baja con el primer piso en este símil.

Para alguien que cree que todo el mundo percibido es sólo uno imaginado, una imagen mental, y de hecho es el efecto sobre mi alma de cosas desconocidas para mí, el verdadero problema del conocimiento se refiere naturalmente no a las imágenes mentales presentes sólo en el alma, sino a las cosas que son independientes de nosotros y que están fuera de nuestra conciencia. Él pregunta: ¿Cuánto podemos aprender acerca de estas cosas *indirectamente*, viendo que no podemos observarlas *directamente*? Desde este punto de vista, no se preocupa por la conexión interna de sus percepciones conscientes entre sí, sino por sus causas que trascienden su conciencia y existen independientemente de él, ya que las percepciones, en su opinión, desaparecen tan pronto como aparta sus sentidos de las cosas. Nuestra conciencia, desde este punto de vista, funciona como un espejo del cual las imágenes de cosas definidas desaparecen en el momento en que su superficie reflectante no se vuelve hacia ellas. Si, ahora, no vemos las cosas en sí mismas, sino sólo sus reflejos, entonces debemos aprender indirectamente sobre la naturaleza de las cosas sacando conclusiones del comportamiento de las reflexiones. La ciencia moderna toma esta actitud en el sentido de que utiliza los perceptos sólo como último recurso para obtener información sobre los procesos de la materia que se encuentran detrás de ellos, y que sólo realmente "son". Si el filósofo, como idealista crítico, admite la existencia real, entonces su búsqueda de conocimiento a través de imágenes mentales se dirige únicamente hacia esta existencia. Su interés se salta el mundo subjetivo de las imágenes mentales y va directamente a lo que produce estas imágenes.

El idealista crítico puede, sin embargo, ir aún más lejos y decir: estoy confinado al mundo de mis imágenes mentales y [no puedo] escapar de él. Si pienso que algo está detrás de mi imagen mental, entonces el pensamiento no es más que una imagen mental. Un idealista de este tipo negará la cosa en sí misma por completo o, en cualquier caso, afirmará que no tiene importancia para los seres humanos, en otras palabras, que es tan buena como inexistente, ya que no podemos saber nada de ella.

Para este tipo de idealista crítico, el mundo entero parece un sueño, frente al cual toda lucha por el conocimiento simplemente no tiene sentido. Para él sólo puede haber dos clases de hombres: las víctimas de la ilusión de que sus propias estructuras oníricas son cosas reales, y los sabios que ven a través de la nada de este mundo onírico y que, por lo tanto, deben perder gradualmente todo deseo de preocuparse más por ello. Desde este punto de vista, incluso la propia personalidad puede convertirse en un mero fantasma de los sueños. Así como durante el sueño aparece entre mis imágenes oníricas una imagen de mí mismo, así en la conciencia despierta la imagen mental de mi propio yo se agrega a la imagen mental del mundo exterior. Entonces nos hemos dado en conciencia, no nuestro yo real, sino sólo nuestra imagen mental de nuestro yo. Quien niegue que las cosas existen, o al menos que podamos saber algo de ellas, también debe negar la existencia, o al menos el conocimiento, de la propia personalidad. El idealista crítico llega entonces a la conclusión de que "Toda realidad se resuelve en un sueño maravilloso, sin una vida con la que se sueñe, y sin un espíritu que esté teniendo el sueño; en un sueño que cuelga unido en un sueño de sí mismo".

Para la persona que cree que reconoce que nuestra vida inmediata es un sueño, es irrelevante si no postula nada más detrás de este sueño o si relaciona sus imágenes mentales con cosas reales. En ambos casos la vida debe perder todo interés académico para él. Pero mientras que todo aprendizaje debe carecer de sentido para aquellos que creen que todo el universo accesible se agota en sueños, sin embargo, para otros que se sienten con derecho a argumentar desde imágenes mentales hasta cosas, el aprendizaje consistirá en la investigación de estas "cosas en sí mismas". La primera de estas teorías puede llamarse *ilusionismo* absoluto, la segunda es llamada *realismo trascendental* por su exponente más rigurosamente lógico, Eduard von Hartmann.

Ambos puntos de vista tienen esto en común con el realismo ingenuo, que buscan ganar terreno en el mundo por medio de una investigación de las percepciones. Dentro de esta esfera, sin embargo, son incapaces de encontrar una base firme.

Una de las preguntas más importantes para un adherente del realismo trascendental tendría que ser: ¿Cómo produce el ego el mundo de las imágenes mentales a partir de sí mismo? Un mundo de imágenes mentales que nos fue dado, y que desapareció tan pronto como cerramos nuestros sentidos al mundo externo, podría encenderse como un deseo sincero de conocimiento, en la medida en que era un medio para investigar indirectamente el mundo del yo-en-sí. Si las cosas de nuestra experiencia fueran "imágenes mentales", entonces nuestra vida cotidiana sería como un sueño, y el descubrimiento del verdadero estado de cosas sería como despertar. Ahora nuestras imágenes oníricas nos interesan mientras soñamos y, en consecuencia, no detectamos su carácter onírico. Pero tan pronto como despertamos, ya no buscamos las conexiones internas de nuestras imágenes oníricas entre ellas, sino más bien los procesos físicos, fisiológicos y psicológicos que subyacen a ellas. De la misma manera, un filósofo que sostiene que el mundo es su imagen mental no puede estar interesado en las relaciones mutuas de los detalles dentro de la imagen. Si permite la existencia de un Ego real, entonces su pregunta será, no cómo una de sus imágenes mentales está vinculada con otra, sino qué ocurre en el alma que existe independientemente mientras un cierto tren de imágenes mentales pasa a través de su conciencia. Si sueño que estoy bebiendo vino que me seca la garganta, y luego me despierto con tos, dejo, en el momento en que me despierto, de interesarme por el progreso del sueño por sí mismo. Mi atención ahora se ocupa sólo de los procesos fisiológicos y psicológicos por medio de los cuales la irritación que me causa tos llega a expresarse simbólicamente en la imagen del sueño. Del mismo modo, una vez que el filósofo está convencido de que el mundo dado consiste en nada más que imágenes mentales, su interés está obligado a cambiar de inmediato de este mundo al alma real que se encuentra detrás. El asunto es más serio, sin embargo, para el adherente del ilusionismo que niega por completo la existencia de un Ego-en-sí mismo detrás de las imágenes mentales, o al menos sostiene que este Ego es incognoscible. Podríamos muy fácilmente ser llevados a tal punto de vista por la observación de que, en contraste con el sueño, existe de hecho el estado de vigilia en el que tenemos la oportunidad de ver a través de nuestros sueños y referirlos a las relaciones reales de las cosas, pero que no hay ningún estado del yo que esté relacionado de manera similar con nuestra vida consciente de vigilia. Quienquiera que adopte este punto de vista no ve que hay, de hecho, algo que está relacionado con la mera percepción de la manera en que nuestra experiencia de vigilia está relacionada con nuestro sueño. *Este algo está pensando.*

El hombre ingenuo no puede ser acusado de la falta de perspicacia a la que se hace referencia aquí. Acepta la vida tal como es, y considera las cosas como reales tal como se le presentan en la experiencia. El primer paso, sin embargo, que tomamos más allá de este punto de vista puede ser sólo este, que preguntamos cómo se relaciona el pensamiento con la percepción. No importa si el percepto, en la forma que se me ha dado, existe continuamente antes y después de que forme una imagen mental; si quiero afirmar algo al respecto, sólo puedo hacerlo con la ayuda del pensamiento. Si afirmo que el mundo es mi imagen mental, he enunciado el resultado de un acto de pensar. Y si mi pensamiento no es aplicable al mundo, entonces este resultado es falso. Entre una percepción y todo tipo de afirmación al respecto interviene el pensamiento.

La razón por la que generalmente pasamos por alto el pensamiento en nuestra consideración de las cosas ya ha sido dada (ver Capítulo 3). Se basa en el hecho de que nuestra atención se concentra sólo en el objeto en el que estamos pensando, pero no al mismo tiempo en el pensamiento mismo. La conciencia ingenua, por lo tanto, trata el pensamiento como algo que no tiene nada que ver con las cosas, sino que se mantiene completamente al margen de ellas y las contempla. La imagen que el pensador hace de los fenómenos del mundo no se considera como algo que pertenece a las cosas, sino que existe sólo en la cabeza humana. El mundo está completo en sí mismo sin esta imagen. Está terminado y completo con todas sus sustancias y fuerzas, y de este mundo ya hecho el hombre hace una imagen. Quien piense así sólo necesita que se le haga una pregunta. ¿Qué derecho tienes a declarar que el mundo está completo sin pensar? ¿No produce el mundo pensar en las cabezas de los hombres con la misma necesidad que produce la flor en una planta? Planta una semilla en la tierra. Pone raíces y tallo, se despliega en hojas y flores. Coloque la planta antes que usted. Se conecta, en tu mente, con un concepto definido. ¿Por qué este concepto debería pertenecer menos a toda la planta que la hoja y la flor? Usted dice que las hojas y las flores existen bastante aparte de un sujeto que percibe, pero el concepto aparece solo cuando un ser humano se enfrenta a la planta. Bastante. Pero las hojas y las flores también aparecen en la planta solo si hay suelo en el que se puede plantar la semilla, y luz y aire en el que las hojas y las flores pueden desplegarse. Así que el concepto de una planta surge cuando una conciencia pensante se acerca a la planta.

Es bastante arbitrario considerar la suma de lo que experimentamos de una cosa a través de la percepción desnuda como una totalidad, como la totalidad, mientras que lo que se revela a través *de la contemplación reflexiva* se considera como una mera acumulación que no tiene nada que ver con la cosa misma. Si hoy me dan un capullo de rosa, la imagen que se ofrece a mi percepción está completa solo por el momento. Si pongo el brote en agua, mañana obtendré una imagen muy diferente de mi objeto. Si observo el capullo de rosa sin interrupción, veré que el estado de hoy cambia continuamente al de mañana a través de un número infinito de etapas intermedias. La imagen que se me presenta en un momento dado es sólo una sección transversal casual de un objeto que está en un proceso continuo de desarrollo. Si no pongo el brote en agua, toda una serie de estados que yacen como *posibilidades* dentro del brote no se desarrollarán. Del mismo modo, es posible que mañana se me impida observar más a fondo la flor y, por lo tanto, tendré una imagen incompleta de ella.

Sería un tipo de opinión bastante poco objetiva y fortuita que declarara de la apariencia puramente momentánea de una cosa: *esta* es la cosa.

Tan poco es legítimo considerar la suma de características perceptivas como la cosa. Podría ser muy posible que un espíritu reciba el concepto al mismo tiempo que el percepto y unido con él. Nunca se le ocurriría a tal espíritu que el concepto no pertenecía a la cosa. Tendría que atribuir al concepto una existencia indivisiblemente ligada a la cosa.

Me haré más claro con un ejemplo. Si lanzo una piedra horizontalmente por el aire, la percibo en diferentes lugares uno tras otro. Conecto estos lugares para formar una línea. Las matemáticas me enseñan a conocer varios tipos de líneas, una de las cuales es la parábola. Sé que la parábola es una línea que se produce cuando un punto se mueve de acuerdo con una ley particular. Si examino las condiciones bajo las cuales se mueve la piedra arrojada por mí, encuentro que el camino atravesado es idéntico a la línea que conozco como parábola. Que la piedra se mueva solo en una parábola es el resultado de las condiciones dadas y se deriva necesariamente de ellas. La forma de la parábola pertenece a todo el fenómeno tanto como cualquier otra característica de la misma. El espíritu descrito anteriormente, que no tiene necesidad del desvío del pensamiento, se encontraría presentado no solo una secuencia de percepciones visuales en diferentes puntos, sino también, como parte integrante de estos fenómenos, también con la forma parabólica del camino que *agregamos* al fenómeno solo pensando.

No es debido a los objetos que nos son dados al principio sin los conceptos correspondientes, sino a nuestra organización mental. Todo nuestro ser funciona de tal manera que de cada cosa real nos llegan los elementos relevantes desde dos lados, desde *la percepción* y desde *el pensamiento*.

La forma en que estoy organizado para aprehender las cosas no tiene nada que ver con la naturaleza de las cosas mismas. La brecha entre percibir y pensar existe sólo desde el momento en que yo, como espectador, confronto las cosas. Qué elementos pertenecen y cuáles no, a las cosas no puede depender en absoluto de la manera en que obtenga mi conocimiento de estos elementos.

El hombre es un ser limitado. En primer lugar, es un ser

entre otros seres. Su existencia pertenece al espacio y al tiempo. Por lo tanto, sólo una parte limitada del universo total puede ser dada en un momento dado. Esta parte limitada, sin embargo, está vinculada con otras partes en todas las direcciones, tanto en el tiempo como en el espacio. Si nuestra existencia estuviera tan ligada con las cosas que cada acontecimiento en el mundo fuera al mismo tiempo también un acontecimiento en nosotros, la distinción entre nosotros y las cosas no existiría. Pero entonces no habría cosas separadas para nosotros. Todas las ocurrencias pasarían continuamente una a la otra. El cosmos sería una unidad y un todo, completo en sí mismo. La corriente de eventos no se interrumpiría en ninguna parte. Es debido a nuestras limitaciones que una cosa nos aparece como única y separada cuando en verdad no es una cosa separada en absoluto. En ninguna parte, por ejemplo, el "rojo" de calidad única se encuentra por sí mismo de forma aislada. Está rodeado por todos lados por otras cualidades a las que pertenece, y sin las cuales no podría subsistir. Para nosotros, sin embargo, es necesario aislar ciertas secciones del mundo y considerarlas por sí mismas. Nuestro ojo puede captar sólo colores individuales uno tras otro de una gran totalidad de color, y nuestra comprensión, puede captar sólo conceptos individuales de un sistema conceptual conectado. Esta separación es un acto subjetivo, que se debe al hecho de que no somos idénticos al proceso mundial, sino que somos un solo ser entre otros seres.

Lo más importante ahora es determinar cómo el ser que

nosotros mismos somos se relaciona con las otras entidades. Esta determinación debe distinguirse de simplemente tomar conciencia de nosotros mismos. Para esta última autoconciencia dependemos de percibir tal como lo hacemos para nuestra conciencia de cualquier otra cosa. La percepción de mí mismo me revela una serie de cualidades que combino en mi personalidad como un todo, así como combino las cualidades amarillas, metálicas, duras, etc., en la unidad "oro". La percepción de mí mismo no me lleva más allá de la esfera de lo que me pertenece. Esta percepción de mí mismo debe distinguirse de determinarme a mí mismo por medio del pensamiento. Así como, por medio del pensamiento, encajo cualquier percepción externa única en el contexto de todo el mundo, así por medio del pensamiento integro en el proceso mundial los perceptos que he hecho de mí mismo. Mi autopercepción me confina dentro de ciertos límites, pero mi pensamiento no se ocupa de estos límites. En este sentido soy un ser de dos caras. Estoy encerrado dentro de la esfera que percibo como la de mi personalidad, pero también soy el portador de una actividad que, desde una esfera superior, define mi existencia limitada. Nuestro pensamiento no es individual como nuestro sentir y sentir; es universal. Recibe un sello individual en cada ser humano separado solo porque viene a estar relacionado con sus sentimientos y sensaciones individuales. Por medio de estos colores particulares del pensamiento universal, los hombres individuales se diferencian unos de otros. Sólo hay un concepto único de "triángulo". Es bastante irrelevante para el contenido de este concepto, ya sea que se capte en la conciencia de A o en la de B. Sin embargo, será captado por cada uno de los dos a su manera individual.

A este pensamiento se opone un prejuicio común muy difícil de superar. Este prejuicio impide que uno vea que el concepto de un triángulo que mi cabeza agarra es el mismo que el concepto que capta la cabeza de mi vecino. El hombre ingenuo se cree el creador de sus conceptos. Por lo tanto, cree que cada persona tiene sus propios conceptos. Es un requisito fundamental del pensamiento filosófico que se supere este prejuicio. El único concepto uniforme de "triángulo" no se convierte en una multiplicidad porque es pensado por muchas personas. Porque el pensamiento de muchos es en sí mismo una unidad.

Al pensar, tenemos ese elemento que se nos da y que suelda nuestra individualidad separada en un todo con el cosmos. En la medida en que sentimos y sentimos (y también percibimos), somos seres individuales; En la medida en que pensamos, somos el Todo-Uno que lo impregna todo. Este es el significado más profundo de nuestra naturaleza de dos caras: vemos surgir en nosotros una fuerza completa y absoluta en sí misma, una fuerza que es universal pero que aprendemos a conocer, no como sale del centro del mundo, sino más bien en un punto de la periferia. Si lo conociéramos en su origen, deberíamos entender todo el enigma del universo en el momento en que nos volvimos conscientes. Pero dado que nos encontramos en un punto en la periferia, y encontramos que nuestra propia existencia está limitada por límites definidos, debemos explorar la región que se encuentra fuera de nuestro propio ser con la ayuda del pensamiento, que se proyecta en nosotros desde la existencia universal del mundo.

El hecho de que el pensamiento, en nosotros, se extienda más allá de nuestra existencia separada y se relacione con la existencia universal del mundo, da lugar al deseo fundamental de conocimiento en nosotros. Los seres sin pensar no tienen este deseo. Cuando se enfrentan a otras cosas, no surgen preguntas para ellos. Estas otras cosas permanecen externas a tales seres. Pero en los seres pensantes el concepto surge cuando se enfrentan a lo externo. Es esa parte de la cosa que recibimos no de afuera sino de adentro. Hacer coincidir, unir los dos elementos, interno y externo, es la tarea del *conocimiento*.

El percepto, por lo tanto, no es algo acabado y autocontenido, sino un lado de la realidad total. El otro lado es el concepto. El acto de conocer es la síntesis de la percepción y el concepto. Sólo el percepto y el concepto juntos constituyen el todo.

Los argumentos anteriores muestran que no tiene sentido buscar ningún elemento común en las entidades separadas del mundo que no sea el contenido ideal que nos ofrece el pensamiento. Todos los intentos de encontrar una unidad en el mundo que no sea este contenido ideal internamente coherente, que obtenemos mediante una contemplación reflexiva de nuestros percepciones, están destinados a fracasar. Ni un Dios humanamente personal, ni la fuerza, ni la materia, ni la voluntad ciega (Schopenhauer), pueden ser válidos para nosotros como una unidad mundial universal. Todas estas entidades pertenecen sólo a esferas limitadas de nuestra observación. Personalidad humanamente limitada que percibimos sólo en nosotros mismos; fuerza y materia en las cosas externas. En lo que respecta a la voluntad, sólo puede considerarse como la expresión de la actividad de nuestra personalidad finita. Schopenhauer quiere evitar hacer del pensamiento "abstracto" el portador de la unidad en el mundo, y busca en cambio algo que se le presente inmediatamente como real. Este filósofo cree que nunca podemos acercarnos al mundo mientras lo consideremos como un mundo "externo".

De hecho, el significado buscado del mundo que me confronta no es más que una imagen mental, o el paso del mundo como mera imagen mental del sujeto conocedor a lo que sea además de esto, nunca podría encontrarse en absoluto si el investigador mismo no fuera más que el sujeto puramente conocedor (un querubín alado sin cuerpo). Pero él mismo está arraigado en ese mundo: se encuentra en él como *individuo*, es decir, su conocimiento, que es el factor determinante que sostiene el mundo entero como imagen mental, se da siempre a través de un cuerpo, cuyos afectos son, para el intelecto, el punto de partida para la contemplación de ese mundo. como hemos demostrado. Para el sujeto puramente conocedor como tal, este cuerpo es una imagen mental como cualquier otra, un objeto entre objetos; Sus movimientos y acciones son conocidos hasta ahora por él precisamente de la misma manera que los cambios de todos los demás objetos percibidos, y serían tan extraños e incomprensibles para él si su sentido no se aclarara para él de una manera completamente diferente. ... Para el sujeto del conocimiento, que aparece como individuo a través de su identidad con el cuerpo, este cuerpo se le da de dos maneras completamente diferentes: una vez como una imagen mental para la consideración inteligente, como un objeto entre objetos y obedeciendo sus leyes; Pero al mismo tiempo, de una manera muy diferente, es decir, como la cosa inmediatamente conocida por todos por la palabra *voluntad*. Todo verdadero acto de su voluntad es a la vez y sin excepción también un movimiento de su cuerpo: no puede querer el acto sin percibir al mismo tiempo que aparece como un movimiento del cuerpo. El acto de voluntad y la acción del cuerpo no son dos cosas objetivamente conocidas como diferentes, que el vínculo de causalidad une; no se encuentran en la relación de causa y efecto; Son uno y lo mismo, pero se dan de dos maneras completamente diferentes: una vez directamente y otra en contemplación del intelecto.

Schopenhauer se considera con derecho por estos argumentos a encontrar en el cuerpo humano la "objetividad" de la voluntad. Él cree que en las actividades del cuerpo siente una realidad *inmediata*: la cosa-en-sí misma en lo concreto. Contra estos argumentos hay que decir que las actividades de nuestro cuerpo llegan a nuestra conciencia sólo a través de percepciones del yo, y que, como tales, no son de ninguna manera superiores a otras percepciones. Si queremos *conocer* su verdadera naturaleza, sólo podemos hacerlo mediante una investigación *pensante*, es decir, encajándolos en el sistema ideal de nuestros conceptos e ideas.

Arraigada más profundamente en la conciencia ingenua de la humanidad está la opinión de que el pensamiento es abstracto, sin ningún contenido concreto; A lo sumo puede darnos una contraparte "ideal" de la unidad del mundo, pero nunca la unidad misma. Quien juzga de esta manera nunca se ha dejado claro a sí mismo lo que realmente es un percepto sin el concepto. Veamos cómo es este mundo de percepciones: una mera yuxtaposición en el espacio, una mera sucesión en el tiempo, una masa de detalles inconexos, así es como aparece. Ninguna de las cosas que van y vienen en el escenario de la percepción tiene ninguna conexión directa, que pueda ser percibida, con cualquier otra. El mundo es, pues, una multiplicidad de objetos de igual valor. Ninguno juega un papel más importante en toda la maquinaria del mundo que cualquier otro. Si queremos que nos quede claro que tal o cual hecho tiene mayor importancia que otro, debemos consultar nuestro pensamiento. Si pensara no funcionar, el órgano rudimentario de un animal que no tiene importancia en su vida parecería igual en valor a la extremidad más importante de su cuerpo. Los hechos separados aparecen en su verdadero significado, tanto en sí mismos como para el resto del mundo, solo cuando el pensamiento gira sus hilos de una entidad a otra. Esta actividad de pensar está *llena de contenido*. Porque es sólo a través de un contenido concreto bastante definido que puedo saber por qué el caracol pertenece a un nivel de organización inferior al del león. La mera apariencia, la percepción, no me da ningún contenido que pueda informarme sobre el grado de perfección de la organización.

El pensamiento ofrece este contenido a la percepción, desde el mundo del hombre de conceptos e ideas. En contraste con el contenido de percepción que se nos da desde fuera, el contenido del pensamiento aparece internamente. La forma en que esto primero hace su aparición la llamaremos *intuición*. *La intuición* es para pensar lo que *la observación* es para percepto. La intuición y la observación son las fuentes de nuestro conocimiento. Un objeto observado del mundo permanece ininteligible para nosotros hasta que tenemos dentro de nosotros la intuición correspondiente que agrega esa parte de la realidad que falta en la percepción. Para cualquiera que sea incapaz de encontrar intuiciones correspondientes a las cosas, la realidad completa sigue siendo inaccesible. Así como la persona daltónica solo ve diferencias de brillo sin ninguna cualidad de color, también la persona sin intuición puede observar solo fragmentos perceptivos inconexos.

Explicar una cosa, hacerla *inteligible*, no significa otra cosa que situarla en el contexto del que ha sido arrancada por el carácter peculiar de nuestra organización como ya se ha descrito. Una cosa aislada del mundo entero no existe. Todo aislamiento tiene solo validez subjetiva para nuestra organización. Para nosotros el universo se divide en arriba y abajo, antes y después, causa y efecto, cosa e imagen mental, materia y fuerza, objeto y sujeto, etc. Lo que aparece ante nosotros en la observación como partes separadas se combina, poco a poco, a través del mundo coherente y unificado de nuestras intuiciones. Al pensar encajamos de nuevo en una sola pieza todo lo que hemos desmontado a través de la percepción. El carácter enigmático de un objeto consiste en su separación. Pero esta separación es nuestra propia creación y puede, dentro del mundo de los conceptos, ser superada de nuevo.

Excepto a través de pensar y percibir nada se nos da directamente. Ahora surge la pregunta: ¿Cuál es el significado del percepto, según nuestra línea de argumentación? Hemos aprendido que la prueba que ofrece el idealismo crítico de la naturaleza subjetiva de las percepciones se derrumba. Pero la comprensión de la falsedad de la prueba no es suficiente por sí sola para demostrar que la doctrina misma es errónea. El idealismo crítico no basa su prueba en la naturaleza absoluta del pensamiento, sino que se basa en el argumento del realismo ingenuo, que cuando se sigue hasta su conclusión lógica, se anula a sí mismo. ¿Cómo aparece el asunto cuando hemos reconocido lo absoluto del pensamiento?

Supongamos que una cierta percepción, por ejemplo, roja, aparece en mi conciencia. Para continuar la observación, este percepto se muestra conectado con otros perceptos, por ejemplo, una figura definida y con ciertos perceptos de temperatura y tacto. A esta combinación la llamo un objeto que pertenece al mundo perceptible de los sentidos. Ahora puedo preguntarme: Más allá de las percepciones que acabo de mencionar, ¿qué más hay en la sección del espacio en la que aparecen? Luego encontraré procesos mecánicos, químicos y de otro tipo en esa sección del espacio. Luego voy más allá y estudio los procesos que encuentro en el camino desde el objeto hasta mis órganos sensoriales. Puedo encontrar movimientos en un medio elástico, que por su propia naturaleza no tienen en lo más mínimo en común con las percepciones de las que partí. Obtengo el mismo resultado cuando continúo y examino la transmisión de los órganos sensoriales al cerebro. En cada uno de estos campos reúno nuevos perceptos, pero el medio de conexión que teje a través de todos estos perceptos separados espacial y temporalmente es *el pensamiento*. Las vibraciones del aire que transmiten el sonido me son dadas como perceptos al igual que el sonido mismo. El pensamiento por sí solo vincula todos estos perceptos entre sí y nos los muestra en su relación mutua. No podemos hablar de nada que exista más allá de lo que se percibe directamente, excepto lo que puede reconocerse a través de las conexiones ideales de los perceptos, es decir, las conexiones accesibles al pensamiento). La forma en que los objetos como perceptos se relacionan con el sujeto como percepto, una relación que va más allá de lo meramente percibido, es, por lo tanto, puramente ideal, es decir, solo puede expresarse por medio de conceptos. Sólo si pudiera percibir cómo el *objeto* perceptivo afecta al sujeto perceptivo, o, por el contrario, pudiera observar la construcción del patrón perceptivo por el sujeto, sería posible hablar como lo hacen la fisiología moderna y el idealismo crítico basado en él. Su punto de vista confunde una relación ideal (la del objeto con el sujeto) con un proceso del que podríamos hablar sólo si fuera posible percibirlo. La proposición, "No hay color sin un ojo sensible al color", no puede interpretarse en el sentido de que el ojo produce el color, sino sólo que subsiste una relación ideal, reconocible por el pensamiento, entre el perceptivo "color" y el perceptivo "ojo". La ciencia empírica tendrá que determinar cómo las propiedades del ojo y las de los colores se relacionan entre sí, por qué medios el órgano de la vista transmite la percepción de los colores, y así sucesivamente. Puedo rastrear cómo un percepto sucede a otro en el tiempo y se relaciona con otros en el espacio, y puedo formular estas relaciones en términos conceptuales, pero nunca puedo percibir cómo un percepto se origina a partir de lo no perceptible. Todos los intentos de buscar cualquier relación entre perceptos que no sean relaciones de pensamiento deben fracasar necesariamente.

¿Qué es, entonces, un percepto? La pregunta, formulada de esta manera general, es absurda. Una percepción emerge siempre como algo perfectamente definido, como un contenido concreto. Este contenido se da directamente y está completamente contenido en lo que se da. La única pregunta que uno puede hacer con respecto al contenido dado es qué es aparte de la percepción, es decir, ¿qué es para pensar? La pregunta sobre el "qué" de un percepto puede, por lo tanto, referirse sólo a la intuición conceptual que corresponde a este percepto. Desde este punto de vista, la cuestión de la subjetividad de los perceptos, en el sentido de idealismo crítico, no puede plantearse en absoluto. Sólo lo que se percibe como perteneciente al sujeto puede denominarse "subjetivo". Formar un vínculo entre algo subjetivo y algo objetivo es imposible para cualquier proceso que sea "real" en el sentido ingenuo, es decir, uno que pueda ser percibido; sólo es posible para pensar. Por lo tanto, lo que parece ser externo a la percepción de mí mismo como sujeto es para nosotros "objetivo". La percepción de mí mismo como sujeto permanece perceptible para mí después de que la mesa que ahora está ante mí ha desaparecido de mi campo de observación. La observación de la tabla ha producido en mí una modificación que también persiste. Conservo la facultad de producir más tarde una imagen de la mesa. Esta facultad de producir una imagen permanece conectada conmigo. La psicología llama a esta imagen una imagen de memoria. De hecho, es lo único que puede llamarse justificadamente la *imagen mental* de la mesa. Porque corresponde a la modificación perceptible de mi propio estado a través de la presencia de la tabla en mi campo visual. Además, no significa una modificación de algún "Ego-en-sí" que está detrás de la percepción del sujeto, sino la modificación del sujeto perceptible mismo. La imagen mental es, por lo tanto, una percepción subjetiva, en contraste con la percepción objetiva que ocurre cuando el objeto está presente en el campo de visión. Confundir la percepción *subjetiva* con la percepción *objetiva* conduce a la idea errónea contenida en el idealismo: que el mundo es mi imagen mental.

Nuestra próxima tarea debe ser definir el concepto de "imagen mental" más de cerca. Lo que hemos dicho al respecto hasta ahora no nos da el concepto de ello, sino que sólo nos muestra el paradero en el campo perceptivo en el que se encuentra la imagen mental. El concepto exacto de imagen mental nos permitirá obtener también una explicación satisfactoria de la forma en que la imagen mental y el objeto están relacionados. Esto nos llevará a través de la línea fronteriza donde la relación entre el sujeto humano y el objeto que pertenece al mundo se reduce del campo puramente conceptual de la cognición a la *vida* individual concreta. Una vez que sepamos qué hacer con el mundo, será una cuestión simple dirigirnos en consecuencia. Sólo podemos actuar con toda nuestra energía cuando sabemos *qué* hay en el mundo al que dedicamos nuestra actividad.

Adición del autor, 1918

El punto de vista que he esbozado aquí puede considerarse como uno al que el hombre es al principio bastante naturalmente impulsado cuando comienza a reflexionar sobre su relación con el mundo. Luego se encuentra atrapado en un sistema de pensamientos que se disuelve para él tan rápido como lo enmarca. La formación del pensamiento es tal que requiere algo más que una mera refutación teórica. Tenemos que *vivirlo* para comprender la aberración a la que nos lleva y de ahí encontrar la salida. Debe figurar en cualquier discusión sobre la relación del hombre con el mundo, no para refutar a otros que uno cree que tienen puntos de vista erróneos sobre esta relación, sino porque es necesario comprender la confusión a la que todo primer esfuerzo de reflexión sobre tal relación tiende a conducir. Uno necesita llegar a esa intuición que le permitirá a uno refutarse a *sí mismo* con respecto a estas primeras reflexiones. Este es el punto de vista desde el que se exponen los argumentos del capítulo anterior.

Quien trata de elaborar por sí mismo una visión de la relación del hombre con el mundo se da cuenta del hecho de que crea esta relación, al menos en parte, formando imágenes mentales sobre las cosas y los acontecimientos del mundo. En consecuencia, su atención se desvía de lo que existe afuera en el mundo y se dirige hacia su mundo interior, la vida de sus imágenes mentales. Comienza a decirse a sí mismo: Es imposible para mí tener una relación con cualquier cosa o evento a menos que aparezca una imagen mental en mí. Una vez que nos hemos dado cuenta de este hecho, no es más que un paso hacia la opinión: Después de todo, sólo experimento mis imágenes mentales; Conozco un mundo fuera de mí sólo en la medida en que es una imagen mental en mí. Con esta opinión, se abandona el punto de vista del realismo ingenuo, que el hombre retoma antes de toda reflexión sobre su relación con el mundo. Mientras mantenga ese punto de vista, cree que está tratando con cosas reales, pero la reflexión sobre sí mismo lo aleja de ello. La reflexión le impide dirigir su mirada hacia un mundo real como la conciencia ingenua cree que tiene ante sí. Le permite contemplar sólo su imagen mental, *que* se interpone entre su propio ser y un mundo supuestamente real, como el punto de vista ingenuo se cree con derecho a afirmar. El hombre ya no puede ver un mundo tan real a través del mundo intermedio de las imágenes mentales. Debe suponer que está ciego a esta realidad. Así surge el pensamiento de una "cosa-en-sí" que es inaccesible al conocimiento.

Mientras consideremos sólo la relación con el mundo, en la que el hombre parece entrar a través de la vida de sus imágenes mentales, no podemos escapar de esta forma de pensamiento. Sin embargo, uno no puede permanecer en el punto de vista del realismo ingenuo excepto cerrando la mente artificialmente al ansia de conocimiento. La existencia misma de este anhelo de conocimiento sobre la relación del hombre con el mundo muestra que este punto de vista ingenuo debe ser abandonado. Si el punto de vista ingenuo produjera algo que pudiéramos reconocer como verdad, nunca podríamos experimentar este deseo.

Pero no llegamos a nada más que podamos considerar como verdad si simplemente abandonamos el punto de vista ingenuo mientras inconscientemente conservamos el tipo de pensamiento que necesita. Este es sólo el error cometido por el hombre que se dice a sí mismo: "Experimento sólo mis imágenes mentales, y aunque creo que estoy tratando con realidades, en realidad soy consciente sólo de mis imágenes mentales de la realidad; Por lo tanto, debo suponer que la verdadera realidad, las 'cosas-en-sí mismas', existen sólo más allá del horizonte de mi conciencia, que no sé absolutamente nada de ellas directamente, y que de alguna manera se acercan a mí e influyen en mí para que mi mundo de imágenes mentales surja en mí. Quienquiera que piense de esta manera simplemente está agregando otro mundo en sus pensamientos al mundo ya extendido ante él. Pero con respecto a este mundo adicional, debería comenzar estrictamente su actividad de pensamiento de nuevo. Porque la "cosa-en-sí" desconocida, en su relación con la propia naturaleza del hombre, se concibe exactamente de la misma manera que la cosa conocida en el sentido del realismo ingenuo.

Uno sólo evita la confusión en la que cae a través de la

actitud crítica basada en este punto de vista ingenuo, si uno nota que, dentro de todo lo que podemos experimentar por medio de la percepción, ya sea dentro de nosotros mismos o fuera del mundo, hay *algo* que no puede sufrir el destino de tener una imagen mental interpuesta entre el proceso y la persona que lo observa. *Este algo está pensando.* Con respecto al pensamiento, podemos mantener el punto de vista del realismo ingenuo. Si no lo hacemos, es sólo porque hemos aprendido que debemos abandonarlo en el caso de otras cosas, pero pasar por alto que lo que hemos encontrado que es cierto para estas otras cosas no se aplica al pensamiento. Cuando nos damos cuenta de esto, abrimos el camino a la percepción adicional de que al pensar y a *través* del pensamiento el hombre debe reconocer la misma cosa a la que aparentemente se ha cegado a sí mismo al tener que interponer su vida de imágenes mentales entre el mundo y él mismo.

De una fuente muy respetada por el autor de este libro viene la objeción de que esta discusión del pensamiento permanece en el nivel de un realismo ingenuo del pensamiento, tal como uno podría objetar si alguien sostuviera que el mundo real y el mundo de las imágenes mentales son uno y el mismo. Sin embargo, el autor cree haber demostrado en esta misma discusión que la validez de este "realismo ingenuo" para el pensamiento resulta inevitablemente de una observación desprejuiciada del pensamiento; y que el realismo ingenuo, en la medida en que es inválido para otras cosas, se supera mediante el reconocimiento de la verdadera naturaleza del pensamiento.

INDIVIDUALIDAD HUMANA

Al explicar las imágenes mentales, los filósofos han encontrado la principal dificultad en el hecho de que nosotros mismos no somos las cosas externas, y sin embargo, nuestras imágenes mentales deben tener una forma correspondiente a las cosas. Pero en una inspección más cercana resulta que esta dificultad no existe realmente. Ciertamente no somos las cosas externas, pero pertenecemos junto con ellas a un mismo mundo. Esa sección del mundo que percibo como sujeto está impregnada por la corriente del proceso cósmico universal. Para mi percepción, estoy, en primera instancia, confinado dentro de los límites delimitados por mi piel. Pero todo lo que está contenido dentro de esta piel pertenece al cosmos como un todo. Por lo tanto, para que subsista una relación entre mi organismo y un objeto externo a mí, de ninguna manera es necesario que algo del objeto se deslice en mí, o cause una impresión en mi mente, como un anillo de sello en cera. La pregunta: "¿Cómo obtengo información sobre ese árbol a diez pies de distancia de mí?" es completamente engañosa. Surge de la visión de que los límites de mi cuerpo son barreras absolutas, a través de las cuales la información sobre las cosas se filtra en mí. Las fuerzas que están trabajando dentro de mi cuerpo son las mismas que existen afuera. Por lo tanto, realmente soy las cosas;

no, sin embargo, "yo" en la medida en que soy un perceptivo de mí mismo como sujeto, sino "yo" en la medida en que soy parte del proceso mundial universal. La percepción del árbol pertenece al mismo todo que mi yo. Este proceso mundial universal produce igualmente la percepción del árbol allá afuera y la percepción de mi yo aquí. Si yo no fuera un conocedor del mundo, sino un creador del mundo, el objeto y el sujeto (percepto y yo) se originarían en un acto. Porque cada uno implica al otro. En la medida en que estas son entidades que pertenecen juntas, puedo, como conocedor del mundo, descubrir el elemento común en ambos solo a través del pensamiento, que se relaciona entre sí por medio de conceptos.

Las más difíciles de expulsar del campo son las llamadas pruebas fisiológicas de la subjetividad de nuestras percepciones. Cuando ejerzo presión sobre mi piel lo percibo como una sensación de presión. Esta misma presión puede ser percibida como luz por el ojo, como sonido por el oído. Una descarga eléctrica es percibida por el ojo como luz, por el oído como ruido, por los nervios de la piel como impacto y por la nariz como un olor fosfórico. ¿Qué se desprende de estos hechos? Sólo esto: percibo una descarga eléctrica (o una presión, según sea el caso) seguida de una impresión de luz, o sonido, o tal vez un cierto olor, y así sucesivamente. Si no hubiera ojo presente, entonces ninguna percepción de la luz acompañaría la percepción de la perturbación mecánica en mi entorno; sin la presencia del oído, sin percepción del sonido, y así sucesivamente. Pero ¿qué derecho tenemos a decir que en ausencia de órganos sensoriales todo el proceso no existiría en absoluto? Aquellos que, por el hecho de que un proceso eléctrico llama a la luz en el ojo, concluyen que lo que sentimos como luz es solo un proceso mecánico de movimiento cuando está fuera de nuestro organismo, olvidan que solo están pasando de un percepto a otro, y no en absoluto a algo que está más allá de los percepciones. Así como podemos decir que el ojo percibe un proceso mecánico de movimiento en su entorno como luz, también podríamos decir que un cambio regular y sistemático en un objeto es percibido por nosotros como un proceso de movimiento. Si dibujo doce imágenes de un caballo en la circunferencia de un disco giratorio, reproduciendo exactamente las actitudes que el cuerpo del caballo asume sucesivamente al galope, puedo producir la ilusión de movimiento girando el disco. Solo necesito mirar a través de una abertura de tal manera que, en los intervalos adecuados, vea las posiciones sucesivas del caballo. No veo doce imágenes separadas de un caballo, sino la imagen de un solo caballo al galope.

Por lo tanto, el hecho fisiológico mencionado anteriormente no puede arrojar ninguna luz sobre la relación de la percepción con la imagen mental. Debemos hacerlo de manera bastante diferente.

En el momento en que aparece un percepto en mi campo de observación, el pensamiento también se activa a través de mí. Un elemento de mi sistema de pensamiento, una intuición definida, un concepto, se conecta con la percepción. Entonces, cuando el percepto desaparece de mi campo de visión, ¿qué queda? Mi intuición, con la referencia a la percepción particular que adquirió en el momento de percibir. El grado de viveza con el que puedo recordar posteriormente esta referencia depende de la manera en que mi organismo mental y corporal está funcionando. Una *imagen mental* no es más que una intuición relacionada con un percepto particular; es un concepto que una vez estuvo conectado con un cierto percepto, y que conserva la referencia a este percepto. Mi concepto de un león no se forma *a partir* de mis percepciones de los leones; pero mi imagen mental de un león se forma muy definitivamente de acuerdo con un percepto. Puedo transmitir el concepto de león a alguien que nunca ha visto un león. No puedo transmitirle una imagen mental vívida sin la ayuda de su propia percepción.

Por lo tanto, la imagen mental es un concepto individualizado. Y ahora podemos ver cómo los objetos reales pueden ser representados para nosotros por imágenes mentales. La realidad completa de una cosa se nos da en el momento de la observación a través del encaje del concepto y la percepción. Por medio de una percepción, el concepto adquiere una forma individualizada, una relación con esta percepción particular. En esta forma individualizada, que lleva la referencia al percepto como un rasgo característico, el concepto vive en nosotros y constituye la imagen mental de la cosa en cuestión. Si nos encontramos con una segunda cosa con la que el mismo concepto se conecta, reconocemos que la segunda pertenece al mismo tipo que la primera; Si nos encontramos con lo mismo por segunda vez, encontramos en nuestro sistema conceptual, no simplemente un concepto correspondiente, sino el concepto individualizado con su relación característica con el mismo objeto, y así reconocemos el objeto nuevamente.

Así, la imagen mental se interpone entre la percepción y el concepto. Es el concepto particularizado el que apunta a la percepción.

La suma de esas cosas sobre las cuales puedo formarme imágenes mentales puede llamarse mi *experiencia* total. El hombre que tenga el mayor número de conceptos individualizados será el hombre de experiencia más rica. Un hombre que carece de todo poder de intuición no es capaz de adquirir experiencia. Pierde los objetos de nuevo cuando desaparecen de su campo de visión, porque carece de los conceptos que debe poner en relación con ellos. Un hombre cuya facultad de pensar está bien desarrollada, pero cuya percepción funciona mal debido a sus torpes órganos sensoriales, será igualmente capaz de adquirir experiencia. Puede, es cierto, adquirir conceptos por un medio u otro; Pero sus intuiciones carecen de la vívida referencia a cosas definidas. El viajero irreflexivo y el erudito que viven en sistemas conceptuales abstractos son igualmente incapaces de adquirir una rica suma de experiencia.

La realidad se nos muestra como percepción y concepto; El representante subjetivo de esta realidad se nos muestra como *una imagen mental.*

Si nuestra personalidad se expresara sólo en la cognición, la totalidad de todo lo que es objetivo estaría dada en percepción, concepto e imagen mental.

Sin embargo, no nos conformamos simplemente con referir la percepción, por medio del pensamiento, al concepto, sino que la relacionamos también con nuestra subjetividad particular, nuestro Ego individual. La expresión de esta relación individual es el sentimiento, que se manifiesta como placer o disgusto.

El pensamiento y el *sentimiento* corresponden a la doble naturaleza de nuestro ser a la que ya se ha hecho referencia. *El pensamiento* es el elemento a través del cual participamos en el proceso cósmico universal; El *sentimiento* es aquello a través del cual podemos retirarnos a los estrechos confines de nuestro propio ser.

Nuestro pensamiento nos vincula con el mundo; Nuestro sentimiento nos lleva de vuelta a nosotros mismos y, por lo tanto, nos hace individuos. Si simplemente pensáramos y percibiéramos seres, toda nuestra vida fluiría en monótona indiferencia. Si pudiéramos simplemente *conocernos* a nosotros mismos como seres mismos, seríamos totalmente indiferentes a nosotros mismos. Es sólo porque experimentamos el sentimiento de nosotros mismos con el autoconocimiento, y el placer y el dolor con la percepción de los objetos, que vivimos como seres individuales cuya existencia no se limita a las relaciones conceptuales entre nosotros y el resto del mundo, sino que tienen además de esto un valor especial para nosotros mismos.

Uno podría sentirse tentado a ver en la vida de sentir un elemento que está más ricamente saturado de realidad que la contemplación del mundo a través del pensamiento. Pero la respuesta a esto es que la vida de sentimiento, después de todo, tiene este significado más rico sólo para mi ser individual. Para el universo en su conjunto, mi vida de sentimiento sólo puede tener valor si, como percepción de mí mismo, el sentimiento entra en conexión con un concepto y de esta manera indirecta se vincula con el cosmos.

Nuestra vida es una oscilación continua entre vivir con el proceso del mundo universal y ser nosotros mismos. Cuanto más ascendemos a la naturaleza universal del pensamiento donde, al final, lo que es individual nos interesa solo como ejemplo o espécimen del concepto, más se pierde en nosotros el carácter del ser separado, de la personalidad única bastante definida. Cuanto más descendemos a las profundidades de nuestra propia vida y permitimos que nuestros sentimientos resuenen con nuestras experiencias del mundo exterior, más nos separamos del ser universal. Una verdadera individualidad será aquel que alcance sus sentimientos en la mayor medida posible en la región del ideal. Hay hombres en los que incluso las ideas más generales que entran en sus cabezas todavía tienen ese tinte personal peculiar que muestra inequívocamente la conexión con su autor. Hay otros cuyos conceptos se presentan ante nosotros sin el menor rastro de carácter individual, como si no hubieran sido producidos por un hombre de carne y hueso en absoluto.

Hacer imágenes mentales le da a nuestra vida conceptual a la vez un sello individual. Cada uno de nosotros tiene su propio lugar particular desde el cual examina el mundo. Sus conceptos se vinculan a sus percepciones. Piensa los conceptos generales a su manera especial. Esta determinación especial resulta para cada uno de nosotros del lugar donde nos encontramos en el mundo, de la gama de percepciones peculiares de nuestro lugar en la vida.

Distinta de esta determinación hay otra que depende de nuestra organización particular. Nuestra organización es, de hecho, una entidad especial y totalmente determinada. Cada uno de nosotros combina sentimientos especiales, y estos en los más diversos grados de intensidad, con sus percepciones. Este es solo el elemento individual en la personalidad de cada uno de nosotros. Es lo que queda cuando hemos permitido plenamente todos los factores determinantes en nuestro entorno.

Una vida de sentimientos, totalmente desprovista de

pensamiento, perdería gradualmente toda conexión con el mundo. Pero el hombre está destinado a ser un todo, y para él el conocimiento de *las cosas* irá de la mano con el desarrollo y la educación de la vida de sentimientos.

El sentimiento es el medio por el cual, en primera instancia, los conceptos ganan *vida* concreta.

¿HAY LÍMITES PARA EL CONOCIMIENTO?

Hemos establecido que los elementos para la explicación de la realidad se encuentran en las dos esferas: percibir y pensar. Es debido, como hemos visto, a nuestra organización que la realidad plena y completa, incluyendo a nosotros mismos como sujetos, aparece al principio como una dualidad. El acto de conocer supera esta dualidad fusionando los dos elementos de la realidad, el perceptivo y el concepto obtenido por el pensamiento, en la cosa completa. Llamemos a la manera en que el mundo se presenta ante nosotros, antes de que haya adquirido su verdadera naturaleza a través de nuestro conocimiento, "el mundo de la apariencia", en contraste con el todo unificado compuesto de percepción y concepto. Entonces podemos decir: El mundo se nos da como una dualidad, y el conocimiento lo transforma en una unidad. Una filosofía que parte de este principio básico puede llamarse filosofía monista, o *monismo*. Opuesto a esto está la teoría de los dos mundos, o *dualismo*. Este último no asume sólo que hay dos lados de una sola realidad que se mantienen separados simplemente por nuestra organización, sino que hay dos mundos absolutamente distintos el uno del otro. Luego trata de encontrar en uno de estos dos mundos los principios para la explicación del otro.

El dualismo se basa en una falsa concepción de lo que llamamos conocimiento. Divide toda la existencia en dos esferas, cada una de las cuales tiene sus propias leyes, y deja estos dos mundos separados y opuestos.

Es de un dualismo como este que surge la distinción entre el objeto perceptivo y la cosa-en-sí, que Kant introdujo en la filosofía, y que, hasta el día de hoy, no hemos logrado erradicar. De acuerdo con nuestra línea de argumentación, es debido a la naturaleza de nuestra organización mental que una cosa particular puede ser dada a nosotros sólo como una percepción. El pensamiento entonces supera esta particularidad asignando a cada percepción el lugar que le corresponde en el mundo como un todo. Mientras designemos las partes separadas del mundo como perceptos, simplemente estamos siguiendo, en esta separación, una ley de nuestra subjetividad. Sin embargo, si consideramos la suma de todos los perceptos como una parte, y contrastamos con esta una segunda parte, a saber, las cosas en sí mismas, entonces estamos filosofando en el azul. Simplemente estamos jugando con conceptos. Construimos un par artificial de opuestos, pero no podemos obtener contenido para el segundo de estos opuestos, ya que tal contenido para una cosa en particular sólo puede extraerse de la percepción.

Todo tipo de existencia que se asume fuera del ámbito de la percepción y el concepto debe ser relegada a la esfera de hipótesis injustificadas. A esta categoría pertenece la "cosa-en-sí". Es bastante natural que un pensador dualista sea incapaz de encontrar la conexión entre el principio del mundo que hipotéticamente asume y las cosas dadas en la experiencia. Se puede llegar a un contenido para el principio hipotético del mundo sólo tomándolo prestado del mundo de la experiencia y luego cerrando los ojos al hecho del préstamo. De lo contrario, sigue siendo un concepto vacío, un no-concepto que no tiene nada más que la forma de un concepto. Aquí el pensador dualista suele afirmar que el contenido de este concepto es inaccesible a nuestro conocimiento; Sólo podemos saber que tal contenido existe, pero no *qué* es lo que existe. En ambos casos es imposible superar el dualismo. Aunque uno importara algunos elementos abstractos del mundo de la experiencia al concepto de la cosa-en-sí, seguiría siendo imposible derivar la rica vida concreta de la experiencia de estas pocas cualidades que, después de todo, son tomadas de la percepción. DuBois-Reymond considera que los átomos imperceptibles de la materia producen sensación y sentimiento por medio de su posición y movimiento, y luego llega a la conclusión de que nunca podemos encontrar una explicación satisfactoria de cómo la materia y el movimiento producen sensación y sentimiento, porque "es absolutamente y para siempre incomprensible que sea diferente a un número de átomos de carbono, hidrógeno, nitrógeno, etc., cómo se acuestan y se mueven, cómo yacen y se mueven, o cómo se acuestan y se moverán. Es imposible ver cómo la conciencia podría llegar a existir a través de su interacción". Esta conclusión es característica de toda esta tendencia de pensamiento. La posición y el movimiento se abstraen del rico mundo de los perceptos. Luego se transfieren al mundo nocional de los átomos. Y entonces surge el asombro de que la vida real no puede evolucionar a partir de este principio hecho a sí mismo tomado del mundo de los perceptos.

Que el dualista no pueda llegar a ninguna explicación del mundo, trabajando como lo hace con un concepto completamente vacío del "en sí mismo" de una cosa, se deriva de inmediato de la definición misma de su principio dada anteriormente.

En todos los casos, el dualista se ve obligado a establecer barreras infranqueables a nuestra facultad de conocimiento. El seguidor de una concepción monista del mundo sabe que todo lo que necesita para la explicación de cualquier fenómeno dado en el mundo debe estar dentro de este mundo mismo. Lo que le impide alcanzarlo puede ser sólo limitaciones accidentales en el espacio y el tiempo, o defectos de su organización, es decir, no de la organización humana en general, sino sólo de su propia organización particular.

Del concepto del acto de conocer, tal como lo hemos definido, se deduce que no se puede hablar de límites al conocimiento. Conocer no es una preocupación del mundo en general, sino un asunto que el hombre debe resolver por sí mismo. *Las cosas* no exigen explicación. Existen y actúan unos sobre otros de acuerdo con leyes que pueden ser descubiertas a través del pensamiento.

Existen en unidad indivisible con estas leyes. Nuestro Ego los confronta, captando al principio sólo esa parte de ellos que han llamado percepciones. Dentro de nuestro egoísmo, sin embargo, se encuentra el poder de descubrir la otra parte de la realidad también. Sólo cuando el Ego ha tomado los dos elementos de la realidad que están indivisiblemente unidos en el mundo y los ha combinado también para sí mismo, se satisface nuestra sed de conocimiento; el Yo ha llegado a la realidad una vez más.

Por lo tanto, las condiciones necesarias para que un acto de conocimiento tenga lugar están allí *a través* del yo y *para* el yo. El yo se plantea los problemas del conocimiento; Y, además, los toma de un elemento que es absolutamente claro y transparente en sí mismo: el elemento del pensamiento. Si nos planteamos preguntas que no podemos responder, debe ser porque el contenido de las preguntas no es claro y distinto en todos los aspectos. No es el mundo el que nos plantea las preguntas, sino nosotros mismos.

Puedo imaginar que sería bastante imposible para mí responder a una pregunta que encontré escrita en alguna parte, sin saber la esfera de la que se tomó el contenido de la pregunta.

En nuestro conocimiento nos preocupan las preguntas que surgen para nosotros a través del hecho de que una esfera de percepciones, condicionada por el lugar, el tiempo y nuestra organización subjetiva, se enfrenta a una esfera de conceptos que apuntan a la totalidad del universo. Mi tarea consiste en reconciliar estas dos esferas, con las cuales estoy bien familiarizado. Aquí no se puede hablar de un límite al conocimiento. Puede ser que, en un momento determinado, esto o aquello permanezca sin explicación porque, a través de nuestro lugar en la vida, se nos impide percibir las cosas involucradas. Lo que no se encuentra hoy, sin embargo, se puede encontrar mañana. Los límites debidos a estas causas son sólo transitorios, y pueden ser superados por el progreso de la percepción y el pensamiento.

El dualismo comete el error de transferir la antítesis de objeto y sujeto, que tiene significado sólo dentro del reino perceptivo, a entidades puramente nocionales fuera de este reino. Pero dado que las cosas separadas dentro del campo perceptual permanecen separadas sólo mientras el perceptor se abstenga de pensar (lo que cancela toda separación y muestra que se debe a factores puramente subjetivos), el dualista está transfiriendo a entidades detrás del reino perceptible factores determinantes que incluso para este reino no tienen validez absoluta, pero solo relativo. Por lo tanto, divide los dos factores involucrados en el proceso de conocimiento, a saber, la percepción y el concepto, en cuatro: (1) el objeto en sí mismo; 2) el precepto que el sujeto tiene del objeto; (3) el tema; (4) el concepto que relaciona el precepto con el objeto en sí mismo. La relación entre sujeto y objeto es *real*; el sujeto está realmente (dinámicamente) influenciado por el objeto.

Se dice que este proceso real no aparece en la conciencia. Pero se supone que evoca en el sujeto una respuesta a la estimulación del objeto. Se dice que el resultado de esta respuesta es la percepción. Sólo en esta etapa entra en nuestra conciencia. Se dice que el objeto tiene una realidad objetiva (independiente del sujeto), la percepción de una realidad subjetiva. Esta realidad subjetiva es referida por el sujeto al objeto. Esta referencia se llama ideal. Con esto, el dualista divide el proceso del conocimiento en dos partes. Una parte, es decir, la producción del objeto perceptivo a partir de la cosa-en-sí, la concibe como teniendo lugar *fuera* de la conciencia, mientras que la otra, la combinación de percepción con concepto y la referencia del concepto al objeto, tiene lugar, según él, dentro de la *conciencia*.

Con estas presuposiciones, está claro por qué el dualista cree que sus conceptos son meramente representantes subjetivos de lo que hay *antes* de su conciencia. El proceso objetivamente real en el sujeto por medio del cual se produce el percepto, y aún más las relaciones objetivas entre las cosas-en-sí mismas, permanecen para tal dualista inaccesibles al conocimiento directo; Según él, el hombre sólo puede obtener representantes conceptuales de lo objetivamente real. El vínculo de unidad que conecta las cosas entre sí y también objetivamente con la mente individual de cada uno de nosotros (como cosa-en-sí) está más allá de nuestra conciencia en un ser-en-sí mismo de quien, una vez más, podemos tener en nuestra conciencia simplemente un representante conceptual. El dualista cree que disolvería el mundo entero en un mero abstracto. esquema de conceptos, ¿no insistió en conexiones *reales* entre los objetos además de los conceptuales? En otras palabras, los principios ideales que descubre el pensamiento parecen demasiado aireados para el dualista, y busca, además, principios reales con los que apoyarlos.

Examinemos estos principios reales un poco más de cerca. El hombre ingenuo (realista ingenuo) considera los objetos de la experiencia externa como realidades. El hecho de que sus manos puedan agarrar estos objetos, y sus ojos los vean, es para él prueba suficiente de su realidad. "No existe nada que no pueda ser percibido" es, de hecho, el primer axioma del hombre ingenuo; y se considera igualmente válido en su inverso: "Todo lo que se puede percibir existe". La mejor evidencia de esta afirmación es la creencia del hombre ingenuo en la inmortalidad y los fantasmas. Piensa en el alma como una sustancia material refinada que, en circunstancias especiales, puede hacerse visible incluso para el hombre ordinario (creencia ingenua en fantasmas).

En contraste con este mundo real suyo, el realista ingenuo considera todo lo demás, especialmente el mundo de las ideas, como irreal o "meramente ideal". Lo que agregamos a los objetos al pensar no es más que pensamientos *sobre* las cosas. El pensamiento no añade nada real a la percepción.

Pero no es sólo con referencia a la existencia de *las cosas* que el hombre ingenuo considera la percepción sensorial como la única prueba de la realidad, sino también con referencia a los acontecimientos. Una cosa, según él, puede actuar sobre otra sólo cuando una fuerza realmente presente para sentir problemas de percepción de uno y se apodera de la otra. En la física más antigua se pensaba que sustancias muy finas emanan de los objetos y penetran a través de los órganos sensoriales en el alma. La visión real de estas sustancias es imposible sólo debido a la tosquedad de nuestros órganos sensoriales en relación con la finura de estas sustancias. En principio, la razón para atribuir la realidad a estas sustancias era la misma que para atribuirla a los objetos del mundo perceptible por los sentidos, es decir, debido a su modo de existencia, que se pensaba que era análogo al de la realidad perceptible por los sentidos.

La naturaleza autónoma de lo que puede ser experimentado a través de las ideas no es considerada por la mente ingenua como real de la misma manera que lo es la experiencia sensorial. Un objeto captado en "mera idea" es considerado como una quimera hasta que la convicción de su realidad puede ser dada a través de la percepción sensorial. En resumen, el hombre ingenuo exige la evidencia real de sus sentidos además de la evidencia ideal de su pensamiento. En esta necesidad del hombre ingenuo se encuentra el fundamento original de las formas primitivas de la creencia en la revelación. El Dios que se da a través del pensamiento sigue siendo para la mente ingenua siempre un Dios meramente "*nocional*". La mente ingenua exige una manifestación que sea accesible a la percepción sensorial. Dios debe aparecer en la carne, y se le da poco valor al testimonio del pensamiento, sino solo a la prueba de la divinidad, como cambiar el agua en vino de una manera que pueda ser testificada por los sentidos.

Incluso el acto de conocerse a sí mismo es representado por el hombre ingenuo como un proceso análogo a la percepción sensorial. Las cosas, se piensa, causan una *impresión* en el alma, o envían imágenes que entran a través de nuestros sentidos, y así sucesivamente.

Lo que el hombre ingenuo puede percibir con sus sentidos lo considera real, y lo que no puede percibir (Dios, alma, conocimiento, etc.) lo considera análogo a lo que percibe.

Una ciencia basada en el realismo ingenuo tendría que ser nada más que una *descripción* exacta del contenido de la percepción. Para el realismo ingenuo, los conceptos son sólo los medios para un fin. Existen para proporcionar contrapartes ideales de percepciones, y no tienen importancia para las cosas mismas. Para el realista ingenuo, sólo los tulipanes individuales que ve (o podría ver) son reales; La sola idea del tulipán es para él una abstracción, la imagen de pensamiento irreal que el alma ha reunido a partir de las características comunes a todos los tulipanes.

El realismo ingenuo, con su principio fundamental de la realidad de todas las cosas percibidas, es contradicho por la experiencia, que nos enseña que el contenido de los perceptos es de naturaleza transitoria. El tulipán que veo es real hoy; En un año se habrá desvanecido en la nada. Lo que persiste es la *especie* tulipán. Para el realista ingenuo, sin embargo, esta especie es "*sólo*" una *idea*, no una realidad. Así, esta teoría del mundo se encuentra en la posición de ver surgir y perecer sus realidades, mientras que lo que considera irreal, en contraste con lo real, persiste. Por lo tanto, el realismo ingenuo se ve obligado a reconocer, además de las percepciones, la existencia de algo ideal. Debe admitir entidades que no pueden ser percibidas por los sentidos. Al hacerlo, se justifica concibiendo su existencia como análoga a la de los objetos perceptibles por los sentidos. Precisamente tales realidades hipotéticas son las fuerzas invisibles por medio de las cuales los objetos perceptibles por los sentidos actúan unos sobre otros. Otra cosa de este tipo es la herencia, que trabaja más allá del individuo y es la razón por la cual un nuevo ser que se desarrolla a partir del individuo es similar a él, sirviendo así para mantener la especie. Tal cosa es de nuevo el principio de vida que impregna el cuerpo orgánico, el alma para la cual la mente ingenua siempre encuentra un concepto formado en analogía con las realidades sensoriales, y finalmente el Ser Divino del hombre ingenuo. Se piensa que este Ser Divino actúa de una manera que corresponde exactamente a la forma en que se ve que actúa el hombre mismo; es decir, antropomórficamente.

La física moderna remonta las sensaciones a los procesos de las partículas más pequeñas de los cuerpos y de una sustancia infinitamente fina, llamada éter, o a otras cosas similares. Por ejemplo, lo que experimentamos como calor es, dentro del espacio ocupado por el cuerpo que da calor, el movimiento de sus partes. Aquí nuevamente algo imperceptible se concibe en analogía con lo que es perceptible. En este sentido, el análogo perceptual al concepto "cuerpo" sería, digamos, el interior de un espacio totalmente cerrado, en el que las esferas elásticas se mueven en todas direcciones, chocando unas sobre otras, rebotando dentro y fuera de las paredes, y así sucesivamente.

Sin tales suposiciones, el mundo se desmoronaría para el realista ingenuo en un agregado incoherente de percepciones sin relaciones mutuas y sin tendencia a unirse. Está claro, sin embargo, que el realismo ingenuo puede hacer estas suposiciones sólo por una inconsistencia. Si se mantuviera fiel a su principio fundamental de que sólo lo que se percibe es real, entonces no debería asumir una realidad en la que no percibe nada. Las fuerzas imperceptibles que proceden de las cosas perceptibles son, de hecho, hipótesis injustificadas desde el punto de vista del realismo ingenuo. Y como el realismo ingenuo no conoce otras realidades, invierte sus fuerzas hipotéticas con contenido perceptivo. Por lo tanto, atribuye una forma de existencia (existencia perceptible) a una esfera donde falta el único medio de hacer cualquier afirmación sobre tal existencia, a saber, la percepción sensorial.

Esta teoría contradictoria conduce al realismo metafísico. Esto construye, además de la realidad perceptible, una realidad imperceptible que concibe en la analogía de la perceptible. Por lo tanto, el realismo metafísico es necesariamente dualista.

Dondequiera que el realista metafísico observe una relación entre cosas perceptibles (como cuando dos cosas se mueven una hacia la otra, o cuando algo objetivo entra en la conciencia), allí ve una realidad. Sin embargo, la relación que nota sólo puede expresarse por medio del pensamiento; no puede ser percibido. La relación puramente ideal se convierte arbitrariamente en algo similar a una perceptible. Por lo tanto, de acuerdo con esta teoría, el mundo real está compuesto de los objetos de percepción que están en flujo incesante, surgiendo y desapareciendo, y de fuerzas imperceptibles que producen los objetos de percepción, y son las cosas que perduran.

El realismo metafísico es una mezcla contradictoria de realismo ingenuo e idealismo. Sus fuerzas hipotéticas son entidades imperceptibles dotadas de las cualidades de los perceptos. El realista metafísico se ha decidido a reconocer, además de la esfera que es capaz de conocer a través de la percepción, otra esfera para la que este medio de conocimiento le falla y que sólo puede ser conocida por medio del pensamiento. Pero no puede decidirse al mismo tiempo a reconocer que el modo de existencia que revela el pensamiento, es decir, el concepto (idea), es un factor tan importante como el percepto. Si queremos evitar la contradicción de los perceptibles, debemos admitir que las relaciones que el pensamiento establece entre los perceptos no pueden tener otro modo de existencia para nosotros que el de los conceptos. Si rechazamos la parte insostenible del realismo metafísico, el mundo se nos presenta como la suma de percepciones y sus relaciones conceptuales (ideales). El realismo metafísico se fusionaría entonces en una visión del mundo que requiere el principio de perceptibilidad para los perceptos y el de concebibilidad para las relaciones entre los perceptos. Esta visión del mundo no puede admitir una tercera esfera, además del mundo de las percepciones y el mundo de los conceptos, en la que los llamados principios "reales" e "ideales" sean simultáneamente válidos.

Cuando el realista metafísico afirma que, además de la relación ideal entre la percepción del objeto y la percepción del sujeto, también debe existir una relación real entre la "cosa-en-sí" del percepto y la "cosa-en-sí" del sujeto perceptible (es decir, del llamado espíritu individual), está basando su afirmación en la falsa suposición de un proceso real, análogo a los procesos en el mundo de los sentidos pero imperceptible. Además, cuando el realista metafísico afirma que entramos en una relación ideal consciente con nuestro mundo de percepciones, pero que para el mundo real sólo podemos tener una relación dinámica (de fuerza), repite el error que ya hemos criticado. Se puede hablar de una relación dinámica sólo dentro del mundo de los perceptos (en la esfera del sentido del tacto), pero no fuera de ese mundo.

Llamemos monismo a la visión que hemos caracterizado anteriormente, en la que el realismo metafísico se funde cuando descarta sus elementos contradictorios, porque combina el realismo unilateral con el idealismo en una unidad superior.

Para el realismo ingenuo, el mundo real es un agregado de objetos percibidos (perceptos); Para el realismo metafísico, no sólo los perceptos, sino también las fuerzas imperceptibles son reales; El monismo reemplaza las fuerzas por conexiones ideales que se obtienen a través del pensamiento. Las *leyes de la naturaleza* son precisamente tales conexiones. Una ley de la naturaleza no es, de hecho, más que la expresión conceptual de la conexión entre ciertos perceptos.

El monismo nunca encuentra necesario pedir ningún principio de explicación de la realidad que no sean perceptos y conceptos. Sabe que en todo el campo de la realidad no hay *ocasión* para esta pregunta. En el mundo perceptivo, cuando se presenta directamente a la percepción, ve la mitad de la realidad; En la unión de este mundo con el mundo de los conceptos encuentra la realidad plena.

El realista metafísico puede objetar al adherente del monismo: Puede ser que para su organización, su conocimiento sea completo en sí mismo, sin que falte ninguna parte; Pero no sabes cómo el mundo se refleja en una inteligencia organizada de manera diferente a la tuya. A esto responderá el monista: Si hay inteligencias distintas de las humanas, y si sus percepciones son diferentes a las nuestras, todo lo que me preocupa es lo que me llega de ellas a través de la percepción y el concepto. A través de mi percepción, es decir, a través de este modo específicamente humano de percibir, yo, como sujeto, me enfrento con el objeto. La conexión de las cosas se interrumpe de este modo. El sujeto restaura esta conexión por medio del pensamiento. Al hacerlo, se pone de nuevo en el contexto del mundo en su conjunto. Dado que es sólo a través del sujeto que el todo aparece cortado en dos en el lugar entre nuestro percepto y nuestro concepto, la unión de esos dos nos da verdadero conocimiento. Para los seres con un mundo perceptivo diferente (por ejemplo, si tuvieran el doble de nuestro número de órganos sensoriales), el continuo aparecería roto en otro lugar, y la reconstrucción tendría que tomar una forma específica para tales seres. La cuestión relativa a los límites del conocimiento existe sólo para el realismo ingenuo y metafísico, los cuales ven en los contenidos del alma sólo una representación ideal del mundo real. Para estas teorías, lo que existe *fuera* del sujeto es algo absoluto, fundado en sí mismo, y lo que está contenido *dentro* del sujeto es una imagen de este absoluto, pero bastante externo a él. La integridad del conocimiento depende del mayor o menor grado de semejanza entre la imagen y el objeto absoluto. Un ser con menos sentidos que el hombre percibirá menos del mundo, uno con más sentidos percibirá más. En consecuencia, el primero tendrá un conocimiento menos completo que el segundo.

Para el monismo, la situación es diferente. La manera en que el continuo del mundo parece dividirse en sujeto y objeto depende de la organización del ser perceptor. El objeto no es absoluto, sino meramente relativo, con referencia a este sujeto en particular. El puente sobre la antítesis, por lo tanto, puede tener lugar nuevamente solo de la manera bastante específica que es característica del sujeto humano particular. Tan pronto como el yo, que se separa del mundo en el acto de percibir, se ajusta de nuevo al continuo del mundo a través de la contemplación reflexiva, todo otro cuestionamiento cesa, habiendo sido sólo una consecuencia de la separación.

Un ser constituido de manera diferente tendría un conocimiento constituido de manera diferente. Nuestro propio conocimiento es suficiente para responder a las preguntas planteadas por nuestra propia naturaleza.

El realismo metafísico tiene que preguntarse: ¿Por qué medios se dan nuestros percepciones? ¿Qué es lo que afecta al tema?

El monismo sostiene que los perceptos están determinados a través del sujeto. Pero al mismo tiempo, el sujeto tiene en pensar los medios para cancelar esta determinación autoproducida.

El realista metafísico se enfrenta a una dificultad adicional cuando busca explicar la similitud entre las imágenes del mundo de diferentes individuos humanos. Tiene que preguntarse: ¿Cómo es que la imagen del mundo que construyo a partir de mis percepciones y mis conceptos determinados subjetivamente resulta ser la misma que la que otro individuo también está construyendo a partir de los mismos dos factores subjetivos? ¿Cómo puedo, en cualquier caso, sacar conclusiones de mi propia imagen subjetiva del mundo sobre la de otro ser humano? El hecho de que las personas puedan entenderse y llevarse bien unas con otras en la vida práctica lleva al realista metafísico a concluir que sus imágenes subjetivas del mundo deben ser similares. A partir de la similitud de estas imágenes del mundo, concluye además que los "espíritus individuales" detrás de los sujetos humanos individuales como percepciones, o el "yo-en-sí" detrás de los sujetos, también deben ser como los demás.

Esta es una inferencia de una suma de efectos al carácter de las causas subyacentes. Creemos que podemos entender la situación lo suficientemente bien a partir de un número suficientemente grande de instancias para saber cómo se comportarán las causas inferidas en otras instancias. Tal inferencia se llama inferencia inductiva. Nos veremos obligados a modificar sus resultados si una observación adicional produce algún elemento inesperado, porque el carácter de nuestra conclusión está, después de todo, determinado solo por la forma particular de nuestras observaciones reales. El realista metafísico afirma que este conocimiento de las causas, aunque condicional, es sin embargo suficiente para la vida práctica.

La inferencia inductiva es el método subyacente al realismo metafísico moderno. Hubo un tiempo en que se pensó que podíamos evolucionar algo a partir de conceptos que ya no es un concepto. Se pensaba que las realidades metafísicas, que el realismo metafísico después de todo requiere, podrían ser conocidas por medio de conceptos. Este tipo de filosofar ahora está desactualizado. En cambio, se piensa que uno puede inferir de un número suficientemente grande de hechos perceptivos el carácter de la cosa-en-sí misma que subyace a estos hechos. Mientras que antes era a partir de conceptos, ahora es a partir de percepciones que las personas buscan evolucionar lo metafísico. Dado que uno tiene conceptos ante sí mismo en claridad transparente, se pensó que uno podría ser capaz de deducir lo metafísico de ellos con absoluta certeza. Los perceptos no se dan con la misma claridad transparente. Cada uno de los siguientes es un poco diferente de otros del mismo tipo que lo precedieron. Básicamente, por lo tanto, cualquier cosa inferida de perceptos pasados será algo modificada por cada percepto posterior. El carácter de lo metafísico así obtenido puede, por lo tanto, ser sólo relativamente verdadero, ya que está sujeto a corrección por instancias posteriores. La metafísica de Eduard von Hartmann tiene un carácter determinado por este método básico, como se expresa en el lema de la portada de su primer libro importante: "Resultados especulativos siguiendo el método inductivo de las Ciencias Naturales".

La forma que el realista metafísico da hoy en día a sus cosas-en-sí mismas se obtiene por inferencias inductivas. A través de consideraciones del proceso de conocimiento, está convencido de la existencia de un continuo del mundo objetivamente real, más allá del continuo del mundo "subjetivo" que conocemos a través de percepciones y conceptos. La naturaleza de esta realidad cree que puede determinar por inferencias inductivas de sus percepciones.

Adición del autor, 1918

Para la observación sin prejuicios de lo que se experimenta a través de la percepción y el concepto, como hemos tratado de describirlo en las páginas anteriores, ciertas ideas que se originan en el campo de las ciencias naturales se encuentran repetidamente como perturbadoras. Así se dice que en el espectro de la luz el ojo percibe colores del rojo al violeta. Pero en el espacio más allá del violeta hay fuerzas de radiación para las cuales no hay una percepción de color correspondiente en el ojo, sino que hay un efecto químico definido; De la misma manera, más allá del límite del rojo hay radiaciones que solo tienen un efecto de calor. Al estudiar estos y otros fenómenos similares, uno es llevado a la opinión de que el rango del mundo perceptivo del hombre está determinado por el rango de sus sentidos, y que se enfrentaría a un mundo muy diferente si tuviera sentidos adicionales, o completamente diferentes. Cualquiera que elija permitirse los extravagantes vuelos de fantasía para los cuales los brillantes descubrimientos de la investigación científica reciente ofrecen oportunidades tan tentadoras, bien puede llegar a la conclusión de que nada entra en el campo de observación del hombre, excepto lo que puede afectar los sentidos que su organización corporal ha evolucionado. No tiene derecho a considerar lo que se percibe, limitado como está por su organización, como de alguna manera estableciendo un estándar para la realidad. Cada nuevo sentido lo confrontaría con una imagen diferente de la realidad.

Dentro de sus límites apropiados, este punto de vista está totalmente justificado. Pero si alguien permite que este punto de vista lo confunda en su observación sin prejuicios de la relación de percepción y concepto como se establece en estos capítulos, entonces bloqueará su propio camino hacia cualquier conocimiento realista del hombre y del mundo. Experimentar la naturaleza esencial del pensamiento, es decir, abrirse camino en el mundo de los conceptos a través de la propia actividad, es algo completamente diferente de experimentar algo perceptible a través de los sentidos. Cualesquiera que sean los sentidos que el hombre pueda tener, nadie le daría realidad si su pensamiento no estuviera impregnado de conceptos, independientemente de lo que percibiera por medio de él. Y cada sentido, cualquiera que sea su construcción, le permitiría, si estuviera impregnado de esta manera, vivir dentro de la realidad. Esta cuestión de cómo se encuentra en el mundo de la realidad no se ve afectada por ninguna especulación que pueda tener sobre cómo el mundo perceptivo podría parecerle si tuviera sentidos diferentes. Debemos entender claramente que *cada* imagen perceptiva del mundo debe su forma a la organización del ser perceptor, pero también que la imagen perceptiva que ha sido completamente impregnada por la experiencia del pensamiento nos lleva a la *realidad*. Lo que nos hace indagar en nuestra relación con el mundo no son las imágenes fantasiosas de cuán diferente parecería el mundo a otros sentidos que no sean humanos, sino la comprensión de que cada percepción nos da solo una parte de la realidad oculta dentro de ella, en otras palabras, que nos aleja de su realidad *inherente*. A esto se suma la comprensión adicional de que el pensamiento nos lleva a esa parte de la realidad que el percepto oculta dentro de sí mismo.

Otra dificultad en el camino de la observación sin prejuicios de la relación entre el percepto y el concepto forjado por el pensamiento, como aquí se describe, surge cuando, por ejemplo, en el campo de la física experimental se hace necesario hablar no de elementos inmediatamente perceptibles, sino de cantidades no perceptibles como en el caso de las líneas de fuerza eléctrica o magnética. Puede *parecer* como si los elementos de la realidad de los que hablan los físicos no tuvieran conexión ni con lo que es perceptible ni con los conceptos que el pensamiento activo ha forjado. Sin embargo, tal punto de vista se basaría en el autoengaño. El punto principal es que *todos los* resultados de la investigación física, aparte de las hipótesis injustificables que deben ser excluidas, se han obtenido a través de la percepción y el concepto. Los elementos que son aparentemente no perceptibles son colocados por el sano instinto del físico para el conocimiento en el campo donde se encuentran los perceptos, y se piensan en términos de conceptos comúnmente utilizados en este campo. Las fuerzas de los campos eléctricos o magnéticos y similares no se llegan, en la naturaleza misma de las cosas, por ningún otro proceso de conocimiento que el que ocurre entre la percepción y el concepto.

Un aumento o una modificación de los sentidos humanos produciría una imagen perceptiva diferente, un enriquecimiento o una modificación de la experiencia humana. Pero incluso con *esta* experiencia uno podría llegar al conocimiento real sólo a través de la interacción del concepto y la percepción. La *profundización* del conocimiento depende de los poderes de la intuición que se expresan en el pensamiento (véase el capítulo 5). En la *experiencia viva* que se desarrolla dentro del pensamiento, esta intuición puede sumergirse en mayores o menores profundidades de la realidad. Una extensión de la imagen perceptiva puede proporcionar estimulación para esta inmersión de la intuición y, por lo tanto, promoverla indirectamente. Pero *en ninguna circunstancia* debe confundirse esta inmersión en las profundidades para alcanzar la realidad con ser confrontado por una imagen perceptiva de mayor o menor amplitud, que en *cualquier caso* solo puede contener la mitad de la realidad, determinada por la organización del ser cognoscímetro. Si uno no se pierde en *abstracciones*, se dará cuenta de que para un conocimiento de la naturaleza humana es un hecho relevante que en física uno tiene que *inferir* la existencia de elementos en el campo perceptivo para los cuales ningún órgano sensorial está sintonizado como lo está para el color o el sonido. El ser del hombre, muy concretamente, está determinado no sólo por lo que su organización le presenta como percepción inmediata, sino también por el hecho de que de esta percepción inmediata se *excluyen* otras cosas. Así como es necesario para la vida que además del estado de vigilia consciente haya un estado de sueño inconsciente, así para la experiencia del hombre de sí mismo es necesario que además de la esfera de su percepción sensorial haya otra esfera, de hecho una mucho más grande, de elementos no perceptibles para los sentidos pero que pertenecen al mismo campo del que provienen los perceptos sensoriales. Todo esto ya estaba implícito en la presentación original de este trabajo. El autor agrega estas extensiones al argumento porque ha encontrado por experiencia que muchos lectores no han leído con suficiente precisión.

Debe recordarse, también, que la idea de percepción desarrollada en este libro no debe confundirse con la idea de percepción sensorial externa, que no es más que un ejemplo especial de ella. El lector deducirá de lo que ha sucedido antes, pero aún más de lo que seguirá, que la "percepción" se toma aquí como todo lo que se acerca al hombre a través de los sentidos *o a través del espíritu*, antes de que haya sido captado por el concepto activamente elaborado. Los "sentidos", como normalmente entendemos el término, no son necesarios para tener percepciones en la experiencia del alma o del espíritu. Podría decirse que esta extensión de nuestro uso ordinario no es permisible. Pero tal extensión es *absolutamente necesaria* si no queremos que el sentido actual de una palabra nos impida ampliar nuestro conocimiento en ciertos campos. Cualquiera que use "percepción" para significar solo "percepción sensorial" nunca llegará a un concepto adecuado para los propósitos del conocimiento, incluso el conocimiento de esta misma percepción sensorial. A veces *hay* que ampliar un concepto para que pueda obtener su significado apropiado en un campo más estrecho. A veces también hay que añadir al contenido original de un concepto para que el concepto original pueda justificarse o, tal vez, reajustarse. Así lo encontramos dicho aquí en este libro (ver Capítulo 6): "La imagen mental es un concepto individualizado". Se ha objetado que este es un uso inusual de las palabras. Pero este uso es necesario si queremos descubrir qué es realmente una imagen mental. ¿Cómo podemos esperar algún progreso en el conocimiento si todos los que se ven obligados a reajustar los conceptos se encuentran con la objeción: "Este es un uso inusual de las palabras"?

LOS FACTORES DE LA VIDA

Recapitulemos lo que hemos logrado en los capítulos anteriores. El mundo se enfrenta al hombre como una multiplicidad, como una masa de detalles separados. Una de estas cosas separadas, una entidad entre otras es el hombre mismo. A este aspecto del mundo simplemente lo *llamamos dado*, y en la medida en que no lo evolucionamos mediante la actividad consciente, sino que simplemente lo encontramos, lo llamamos *percepto*. Dentro de este mundo de percepciones nos percibimos a nosotros mismos. Esta percepción del yo seguiría siendo simplemente una entre muchas otras percepciones, si algo no surgiera de en medio de esta percepción del yo que demuestra ser capaz de conectar todas las percepciones entre sí y, por lo tanto, la suma de todas las demás percepciones con la percepción de nuestro propio yo. Este algo que emerge ya no es meramente perceptivo; Tampoco es, como los perceptos, simplemente dado. Es producido por nuestra actividad. Para empezar, parece estar ligado a lo que percibimos como nuestro propio yo. En su significado interno, sin embargo, trasciende el yo. A los perceptos separados agrega elementos idealmente determinados, que, sin embargo, están relacionados entre sí y están arraigados en una totalidad. Lo que se obtiene por la percepción del yo está idealmente determinado por este algo de la misma manera que todos los demás perceptos, y se coloca como sujeto, o "yo", contra los objetos. *Este algo es pensar*, y los elementos idealmente determinados son los conceptos y las ideas. El pensamiento, por lo tanto, primero se revela en la percepción del yo. Pero no es meramente subjetivo, porque el yo se caracteriza a sí mismo como sujeto sólo con la ayuda del pensamiento. Esta relación en el pensamiento del yo consigo mismo es lo que, en la vida, determina nuestra personalidad. A través de ella llevamos una existencia puramente ideal. A través de ella nos sentimos seres pensantes. Esta determinación de nuestra vida seguiría siendo puramente conceptual (lógica), si no se añadieran otras determinaciones de nuestro yo. Entonces deberíamos ser criaturas cuya vida se gastó en establecer relaciones puramente ideales entre perceptos entre ellos y entre ellos y nosotros mismos. Si llamamos al establecimiento de tal conexión de pensamiento un "acto de cognición", y a la condición resultante de nosotros mismos "conocimiento", entonces, asumiendo que la suposición anterior es cierta, deberíamos considerarnos a nosotros mismos como seres que simplemente conocen o conocen.

La suposición, sin embargo, no cumple con el caso. Relacionamos los perceptos con nosotros mismos no sólo idealmente, a través de conceptos, sino también, como ya hemos visto, a través del sentimiento. Por lo tanto, no somos seres con un contenido meramente conceptual para nuestra vida. De hecho, el realista ingenuo sostiene que la personalidad vive más genuinamente en la vida del sentimiento que en el elemento puramente ideal del conocimiento. Desde su punto de vista, tiene toda la razón cuando describe el asunto de esta manera. Para empezar, el sentimiento es exactamente el mismo, en el lado subjetivo, que el percepto está en el lado objetivo. Del principio básico del realismo ingenuo —que todo lo que se puede percibir es real— se deduce que el sentimiento debe ser la garantía de la realidad de la propia personalidad. El monismo, sin embargo, tal como se entiende aquí, debe otorgar la misma adición al sentimiento que considera necesaria para los perceptos, si estos han de estar ante nosotros como realidad plena. Por lo tanto, para el monismo, el sentimiento es una realidad incompleta, que, en la forma en que se nos aparece por primera vez, aún no contiene su segundo factor, el concepto o la idea. Esta es la razón por la cual, en la vida real, los sentimientos, como las percepciones, aparecen *antes* del conocimiento. Al principio, tenemos simplemente un sentimiento de existencia; Y es sólo en el curso de nuestro desarrollo gradual que alcanzamos el punto en que el concepto del yo emerge desde dentro del tenue sentimiento de nuestra propia existencia. Sin embargo, lo que *para nosotros* aparece sólo más tarde, está indisolublemente ligado a nuestro sentimiento. Esta es la razón por la cual el hombre ingenuo llega a creer que al sentir se le presenta la existencia directamente, en el conocimiento sólo indirectamente. El cultivo de la vida del sentimiento, por lo tanto, le parece más importante que cualquier otra cosa. Sólo creerá que ha captado el patrón del universo cuando lo haya recibido en su sentimiento. Intenta hacer del sentimiento, en lugar de conocer, el instrumento del conocimiento. Dado que un sentimiento es algo completamente individual, algo equivalente a una percepción, el filósofo del sentimiento está haciendo un principio universal de algo que tiene significado solo dentro de su propia personalidad. Intenta impregnar el mundo entero con su propio yo. Lo que el monista, en el sentido que hemos descrito, se esfuerza por captar a través de conceptos, el filósofo del sentimiento trata de alcanzar a través de los sentimientos, y considera este tipo de conexión con los objetos como la más directa.

La tendencia que acabamos de describir, la filosofía del sentimiento, a menudo se llama *misticismo*. El error en una perspectiva mística basada en el mero sentimiento es que quiere *experimentar directamente* lo que debería obtener a través del *conocimiento*; que quiere elevar el sentimiento, que es individual, a un principio universal.

El sentimiento es un asunto puramente individual; Es la relación del mundo externo con nosotros mismos como sujeto, en la medida en que esta relación encuentra expresión en una experiencia meramente subjetiva.

Hay otra expresión de la personalidad humana. El yo, a través de su pensamiento, comparte la vida del mundo en general. De esta manera, de una manera puramente ideal (es decir, conceptualmente), relaciona los perceptos consigo mismo, y a sí mismo con los perceptos. En el sentimiento, tiene experiencia directa de una relación de los objetos consigo mismo como sujeto. En el *testamento*, el caso se invierte. Al querer, nos interesa una vez más una percepción, a saber, la de la relación individual de nuestro ser con lo que es objetivo. Cualquier cosa que haya en el deseo que no sea un factor puramente ideal, es tanto un mero objeto de percepción como lo es cualquier objeto en el mundo externo.

Sin embargo, el realista ingenuo cree aquí de nuevo que tiene ante sí algo mucho más real de lo que se puede lograr pensando. Ve en la voluntad un elemento en el que es *directamente* consciente de un acontecimiento, una causalidad, en contraste con el pensamiento que sólo capta el evento después en forma conceptual. Según tal punto de vista, lo que el yo logra a través de su voluntad es un proceso que se experimenta directamente. El adherente de esta filosofía cree que en la voluntad realmente se ha apoderado de la maquinaria del mundo por una esquina. Mientras que puede seguir otros sucesos sólo desde el exterior por medio de la percepción, está seguro de que en su voluntad experimenta un proceso real de manera muy directa. El modo de existencia en el que la voluntad aparece dentro del yo se convierte para él en un principio concreto de la realidad. Su propia voluntad le aparece como un caso especial del proceso mundial general; por lo tanto, esta última aparece como voluntad universal. La voluntad se convierte en el principio del universo así como, en el misticismo, el sentimiento se convierte en el principio del conocimiento. Este tipo de teoría se llama filosofía de la *voluntad* (telismo). Hace que algo que sólo puede ser experimentado individualmente en un factor constituyente del mundo.

La filosofía de la voluntad puede llamarse tan poco científica como el misticismo basado en el sentimiento. Porque ambos afirman que la comprensión conceptual del mundo es inadecuada. Ambos exigen un principio de existencia que es real, además de un principio que es ideal. Hasta cierto punto, esto está justificado. Pero dado que percibir es nuestro único medio de aprehender estos llamados principios reales, la afirmación tanto del misticismo del sentimiento como de la filosofía de la voluntad llega a ser lo mismo que decir que tenemos dos fuentes de conocimiento, pensar y percibir, esta última presentándose como una experiencia individual en sentimiento y voluntad. Dado que los resultados que fluyen de una fuente, las experiencias, no pueden ser tomadas directamente en aquellos que fluyen de la otra fuente, el pensamiento, los dos modos de conocimiento, percibir y pensar, permanecen uno al lado del otro sin ninguna forma superior de mediación entre ellos. Además del principio ideal que es accesible al conocimiento, se dice que hay un principio real que no puede ser aprehendido por el pensamiento, pero que aún puede ser experimentado. En otras palabras, el misticismo del sentimiento y la filosofía de la voluntad son formas de realismo ingenuo, porque suscriben la doctrina de que lo que se percibe directamente es real. En comparación con el realismo ingenuo en su forma primitiva, son culpables de la inconsistencia aún mayor de aceptar una forma particular de percibir (sentimiento o voluntad, respectivamente) como el único medio de conocer la realidad, mientras que solo pueden hacerlo si se aferran en general al principio fundamental de que lo que se percibe es real. Pero en ese caso deben atribuir el mismo valor, a los efectos del conocimiento, también a la percepción externa.

La filosofía de la voluntad se convierte en realismo metafísico cuando coloca el elemento de la voluntad incluso en aquellas esferas de la existencia donde no se puede experimentar directamente, como puede hacerlo en el sujeto individual. Asume, fuera del sujeto, un principio hipotético para cuya existencia real el único criterio es la experiencia subjetiva. Como forma de realismo metafísico, la filosofía de la voluntad está sujeta a la crítica hecha en el capítulo anterior, en el sentido de que tiene que superar la etapa contradictoria inherente a toda forma de realismo metafísico, y debe reconocer que la voluntad es un proceso mundial universal sólo en la medida en que está idealmente relacionada con el resto del mundo.

Adición del autor, 1918

La dificultad de comprender la naturaleza esencial del pensamiento mediante la observación radica en esto, que ha eludido con demasiada facilidad al alma introspectiva en el momento en que el alma trata de llevarla al foco de atención. No queda entonces nada por inspeccionar sino la abstracción sin vida, el cadáver del pensamiento vivo. Si nos fijamos sólo en esta abstracción, podemos encontrarnos fácilmente obligados a entrar en el misticismo del sentimiento o tal vez en la metafísica de la voluntad, que por el contrario parece tan "llena de vida". Entonces deberíamos encontrar extraño que alguien espere captar la esencia de la realidad en "meros pensamientos". Pero si una vez logramos encontrar realmente la vida en el pensamiento, sabremos que nadar en meros sentimientos, o ser intuitivamente conscientes del elemento voluntad, ni siquiera puede compararse con la riqueza interior y la experiencia autosuficiente pero siempre conmovedora de esta vida de pensamiento, y mucho menos estar por encima de ella. Es precisamente debido a esta riqueza, a esta abundancia interior de experiencia, que la contraimagen del pensamiento que se presenta a nuestra actitud ordinaria del alma debe parecer sin vida y abstracta. Ninguna otra actividad del alma humana es tan fácilmente malinterpretada como el pensamiento. La voluntad y el sentimiento todavía llenan el alma de calidez incluso cuando vivimos el evento original nuevamente en retrospectiva. Pensar con demasiada facilidad nos deja fríos en el recuerdo; Es como si la vida del alma se hubiera secado. Sin embargo, esto no es más que la sombra fuertemente marcada de su verdadera naturaleza: cálida, luminosa y penetrando profundamente en los fenómenos del mundo. Esta penetración es provocada por un poder que fluye a través de la actividad del pensamiento mismo: el poder del amor en su forma espiritual. No hay motivos aquí para la objeción de que discernir el amor en la actividad de pensar es proyectar en el pensamiento un sentimiento, a saber, el amor. Porque en verdad esta objeción no es más que una confirmación de lo que hemos estado diciendo. Si nos volvemos hacia el pensamiento en su *esencia*, encontramos en él tanto el sentimiento como la voluntad, y estos en las profundidades de su realidad; si nos alejamos del pensamiento hacia el "mero" sentimiento y voluntad, perdemos de estos su verdadera realidad. Si estamos listos para experimentar el pensamiento *intuitivamente*, también podemos hacer justicia a la experiencia del sentimiento y de la voluntad; pero el misticismo del sentimiento y la metafísica de la voluntad no son capaces de hacer justicia a la penetración de la realidad mediante el pensamiento intuitivo; concluyen muy fácilmente que ellos mismos están arraigados en la realidad. pero que el pensador intuitivo, desprovisto de sentimientos y extraño a la realidad, forma a partir de "pensamientos abstractos" una imagen sombría y fría del mundo.

LA IDEA DE LA LIBERTAD

Para nuestra cognición, el concepto del árbol está condicionado por la percepción del árbol. Cuando me enfrento a una percepción particular, puedo seleccionar sólo un concepto particular del sistema general de conceptos. La conexión del concepto y el percepto está determinada por el pensamiento, indirecta y objetivamente, en el nivel del percepto. Esta conexión del perceptivo con su concepto se reconoce *después* del acto de percibir; pero que pertenecen juntos radica en la naturaleza misma de las cosas.

El proceso se ve diferente cuando examinamos el conocimiento, o más bien la relación del hombre con el mundo que surge dentro del conocimiento. En los capítulos anteriores se ha intentado demostrar que una observación desprejuiciada de esta relación es capaz de arrojar luz sobre su naturaleza. Una comprensión adecuada de esta observación conduce a la idea de que el pensamiento puede ser *discernido directamente* como una entidad autónoma. Aquellos que encuentran necesario para la explicación del pensamiento como tal invocar otra cosa, como los procesos cerebrales físicos o los procesos espirituales inconscientes que se encuentran detrás del pensamiento consciente que observan, no reconocen lo que produce una observación desprejuiciada del pensamiento. Cuando observamos nuestro pensamiento, vivimos durante esta observación directamente dentro de una red espiritual de ser autosuficiente. De hecho, incluso podemos decir que si quisiéramos comprender la naturaleza esencial del espíritu en la forma en que se presenta *más inmediatamente* al hombre, solo necesitamos mirar la actividad autosuficiente del pensamiento.

Cuando contemplamos el pensamiento mismo, coinciden dos cosas que de otro modo *siempre deben* aparecer aparte, a saber, el concepto y la percepción. Si no vemos esto, seremos incapaces de considerar los conceptos que hemos elaborado con respecto a los perceptos como algo más que copias oscuras de estos perceptos, y tomaremos los perceptos como presentándonos la verdadera realidad. Además, construiremos para nosotros mismos un mundo metafísico según el patrón del mundo percibido; Llamaremos a esto un mundo de átomos, un mundo de voluntad, un mundo de espíritu inconsciente, o lo que sea, cada uno de acuerdo con su propio tipo de imágenes mentales. Y no nos daremos cuenta de que todo el tiempo no hemos estado haciendo nada más que construir un mundo metafísico hipotéticamente, según el patrón de *nuestro propio* mundo de percepciones. Pero si reconocemos lo que está presente en el pensamiento, nos daremos cuenta de que en el percepto tenemos sólo una parte de la realidad y que la otra parte que le pertenece, y que primero permite que aparezca la realidad plena, es *experimentada* por nosotros en la penetración del percepto por el pensamiento. Veremos en este elemento que aparece en nuestra conciencia como pensamiento, no una copia sombría de alguna realidad, sino una esencia espiritual autosuficiente. Y de esto podremos decir que es traído a la conciencia para nosotros a través de *la intuición*. La intuición es la experiencia consciente, en espíritu puro, de un contenido puramente espiritual. Sólo a través de una intuición se puede captar la esencia del pensamiento.

Sólo si, por medio de la observación sin prejuicios, uno ha luchado hasta el reconocimiento de esta verdad de la esencia intuitiva del pensamiento, tendrá éxito en despejar el camino para una comprensión de la organización psiquio-física del hombre. Uno verá que esta organización no puede tener ningún efecto sobre la *naturaleza esencial* del pensamiento. A primera vista, esto *parece* contradecirse con hechos patentemente obvios. Para la experiencia ordinaria, el pensamiento humano hace su aparición sólo en conexión con, y por medio de, esta organización. Esta forma de su aparición pasa a primer plano tanto que su verdadero significado no puede ser comprendido a menos que reconozcamos que en la esencia del pensamiento esta organización no juega ningún papel. Una vez que apreciamos esto, ya no podemos dejar de notar qué tipo peculiar de relación existe entre la organización humana y el pensamiento mismo. Porque esta organización no contribuye en nada a la naturaleza esencial del pensamiento, sino que retrocede cada vez que la actividad del pensamiento hace su aparición; suspende su propia actividad, cede terreno; Y en el suelo así dejado vacío, aparece el pensamiento. La esencia activa en el pensamiento tiene una doble función: primero, reprime la actividad de la organización humana; En segundo lugar, ocupa su lugar. Porque incluso la primera, la represión de la organización física, es una consecuencia de la actividad del pensamiento, y más particularmente de la parte de esta actividad que prepara la *manifestación* del pensamiento. A partir de esto se puede ver en qué sentido el pensamiento encuentra su contraparte en la organización física. Cuando vemos esto, ya no podemos juzgar mal el significado de esta contraparte de la actividad del pensamiento. Cuando caminamos sobre terreno blando, nuestros pies dejan impresiones en el suelo. No nos sentiremos tentados a decir que estas huellas han sido formadas desde abajo por las fuerzas de la tierra. No atribuiremos a estas *fuerzas* ninguna participación en la producción de las huellas. Del mismo modo, si observamos la naturaleza esencial del pensamiento sin prejuicios, atribuiremos cualquier participación en esa naturaleza a las huellas en el organismo físico que surgen por el hecho de que el pensamiento prepara su manifestación por medio del cuerpo.

Una pregunta importante, sin embargo, surge aquí. Si la organización humana no tiene parte en la naturaleza *esencial* del pensamiento, ¿cuál es el significado de esta organización dentro de toda la naturaleza del hombre? Ahora, lo que sucede en esta organización a través del pensamiento no tiene nada que ver con la esencia del pensamiento, pero tiene mucho que ver con el surgimiento de la conciencia del ego a partir de este pensamiento. El pensamiento, en su propia naturaleza esencial, ciertamente contiene el verdadero yo o ego, pero no contiene la conciencia del ego. Para ver esto no tenemos más que observar el pensamiento con una mente abierta. El "yo" se encuentra dentro del pensamiento; La "conciencia del ego" surge a través de las huellas que la actividad del pensamiento graba en nuestra conciencia general, en el sentido explicado anteriormente. (La conciencia del ego surge así a través de la organización corporal. Sin embargo, esto no debe interpretarse como que la conciencia del ego, una vez que ha surgido, sigue dependiendo de la organización corporal. Una vez que surge, se toma en el pensamiento y comparte de ahora en adelante el ser espiritual del pensamiento).

La "conciencia del ego" se basa en la organización humana. De estos últimos fluyen nuestros actos de voluntad. Siguiendo las líneas del argumento anterior, podemos obtener una idea de las conexiones entre el pensamiento, el yo consciente y el acto de voluntad, solo observando primero cómo un acto de voluntad emana de la organización humana.

En cualquier acto particular de voluntad debemos tener en cuenta el motivo y la fuerza motriz. El motivo es un factor con el carácter de un concepto o una imagen mental; La fuerza motriz es el factor de voluntad que pertenece a la organización humana y está directamente condicionado por ella. El factor conceptual, o motivo, es el factor determinante momentáneo de la voluntad; La fuerza motriz es el factor determinante permanente del individuo. Un motivo para la voluntad puede ser un concepto puro, o bien un concepto con una referencia particular a un percepto, es decir, una imagen mental. Tanto los conceptos generales como los individuales (imágenes mentales) se convierten en motivos de voluntad al afectar al individuo humano y determinarlo a actuar en una dirección particular. Pero un mismo concepto, o una y la misma imagen mental, afecta a diferentes individuos de manera diferente. Estimulan a diferentes hombres a diferentes acciones. Por lo tanto, un acto de voluntad no es simplemente el resultado del concepto o la imagen mental, sino también de la composición individual de la persona. Aquí bien podemos seguir el ejemplo de Eduard von Hartmann y llamar a este maquillaje individual la disposición caracterológica. La manera en que el concepto y la imagen mental afectan la disposición caracterológica de un hombre le da a su vida un sello moral o ético definido.

La disposición caracterológica está formada por el contenido más o menos permanente de nuestra vida subjetiva, es decir, por el contenido de nuestras imágenes y sentimientos mentales. Si una imagen mental que entra en mi mente en este momento me estimula a un acto de voluntad o no, depende de cómo se relaciona con el contenido de todas mis otras imágenes mentales y también con mi idiosincrasia de sentimientos. Pero después de todo, el contenido general de mis imágenes mentales está condicionado por la suma total de aquellos conceptos que, en el curso de mi vida individual, han entrado en contacto con percepciones, es decir, se han convertido en imágenes mentales. Esta suma, de nuevo, depende de mi mayor o menor capacidad de intuición y del alcance de mis observaciones, es decir, de los factores subjetivos y objetivos de la experiencia, de mi naturaleza interior y situación en la vida. Mi disposición caracterológica está determinada especialmente por mi vida de sentimiento. Si convertiré una imagen o concepto mental particular en un motivo de acción o no, dependerá de si me da alegría o dolor.

Estos son los elementos que tenemos que considerar en un acto de voluntad. La imagen o concepto mental inmediatamente presente, que se convierte en el motivo, determina el objetivo o el propósito de mi voluntad; Mi disposición caracterológica me determina a dirigir mi actividad hacia este objetivo. La imagen mental de dar un paseo en la próxima media hora determina el objetivo de mi acción. Pero esta imagen mental se eleva al nivel de un motivo para mi voluntad sólo si se encuentra con una disposición caracterológica adecuada, es decir, si durante mi vida pasada he formado las imágenes mentales del sentido y el propósito de dar un paseo, del valor de la salud, y además, si la imagen mental de dar un paseo está acompañada en mí por un sentimiento de placer.

Por lo tanto, debemos distinguir (1) las posibles disposiciones subjetivas que son capaces de convertir ciertas imágenes y conceptos mentales en motivos, y (2) las posibles imágenes y conceptos mentales que están en posición de influir en mi disposición caracterológica para que resulte un acto de voluntad. Para nuestra vida moral, los primeros representan la *fuerza motriz*, y los segundos, sus objetivos.

La fuerza motriz en la vida moral se puede descubrir al descubrir los elementos de los que se compone la vida individual.

El primer nivel de la vida individual es el de percibir, más particularmente percibir a través de los sentidos. Esta es la región de nuestra vida individual en la que percibir se traduce directamente en voluntad, sin la intervención de un sentimiento o un concepto. La fuerza motriz aquí involucrada se llama simplemente *instinto*. La satisfacción de nuestras necesidades inferiores, puramente animales (hambre, relaciones sexuales, etc.) se produce de esta manera. La principal característica de la vida instintiva es la inmediatez con la que la percepción única libera el acto de la voluntad. Este tipo de determinación de la voluntad, que pertenece originalmente sólo a la vida de los sentidos inferiores, puede, sin embargo, extenderse también a las percepciones de los sentidos superiores. Podemos reaccionar a la percepción de un determinado evento en el mundo externo sin reflexionar sobre lo que hacemos, sin que ningún sentimiento especial se conecte con el percepto, como de hecho sucede en nuestro comportamiento social convencional. La fuerza motriz de tal acción se llama *tacto* o *buen gusto moral*. Cuanto más a menudo se produzcan tales reacciones inmediatas a una percepción, más podrá la persona interesada actuar puramente bajo la guía del tacto; es decir, *el tacto* se convierte en su disposición caracterológica.

El segundo nivel de la vida humana es *el sentimiento*. Los sentimientos definidos acompañan las percepciones del mundo externo. Estos sentimientos pueden convertirse en la fuerza impulsora de una acción. Cuando veo a un hombre hambriento, mi compasión por él puede convertirse en la fuerza motriz de mi acción. Tales sentimientos, por ejemplo, son vergüenza, orgullo, sentido del honor, humildad, remordimiento, lástima, venganza, gratitud, piedad, lealtad, amor y deber.

El tercer nivel de vida equivale a *pensar y formar imágenes mentales*. Una imagen mental o un concepto puede convertirse en el motivo de una acción a través de la mera reflexión. Las imágenes mentales se convierten en motivos porque, en el curso de la vida, conectamos regularmente ciertos objetivos de nuestra voluntad con perceptos que se repiten una y otra vez en forma más o menos modificada. Por lo tanto, con las personas que no están totalmente desprovistas de experiencia, sucede que la ocurrencia de ciertas percepciones siempre va acompañada de la aparición en la conciencia de imágenes mentales de acciones que ellos mismos han llevado a cabo en un caso similar o han visto llevar a cabo a otros. Estas imágenes mentales flotan ante sus mentes como patrones que determinan todas las decisiones posteriores; se convierten en parte de su disposición caracterológica. La fuerza motriz en la voluntad, en este caso, podemos llamarla *experiencia práctica*. La experiencia práctica se funde gradualmente en un comportamiento puramente discreto. Esto sucede cuando las imágenes típicas definidas de acciones se han conectado tan firmemente en nuestras mentes con imágenes mentales de ciertas situaciones en la vida que, en cualquier caso dado, omitimos toda deliberación basada en la experiencia y vamos directamente de la percepción al acto de voluntad.

El nivel más alto de la vida individual es el del pensamiento conceptual sin tener en cuenta ningún contenido perceptivo definido. Determinamos el contenido de un concepto a través de la intuición pura desde fuera de la esfera ideal. Tal concepto no contiene, al principio, ninguna referencia a ninguna percepción definida. Si entramos en un acto de voluntad bajo la influencia de un concepto que se refiere a un percepto, es decir, bajo la influencia de una imagen mental, entonces es este percepto el que determina nuestra acción indirectamente por medio del pensamiento conceptual. Pero si actuamos bajo la influencia de intuiciones, la fuerza motriz de nuestra acción es *el pensamiento puro*. Como es costumbre en filosofía llamar a la facultad del pensamiento puro "razón", bien podemos estar justificados al dar el nombre de *razón práctica* a la fuerza motriz moral característica de este nivel de vida. El relato más querido de esta fuerza motriz en el testamento ha sido dado por Kreyenbuehl. En mi opinión, su artículo sobre este tema es una de las contribuciones más importantes a la filosofía actual, más especialmente a la ética. Kreyenbuehl llama a la fuerza motriz que estamos discutiendo aquí, lo *práctico a priori*, es decir, un impulso a la acción que emana directamente de mi intuición.

Está claro que tal impulso ya no puede contarse en el sentido más estricto como perteneciente a la disposición caracterológica. Porque lo que aquí es efectivo como fuerza motriz ya no es algo meramente individual en mí, sino el contenido ideal y, por lo tanto, universal de mi intuición. Tan pronto como veo la justificación para tomar este contenido como la base y el punto de partida de una acción, entro en el acto de voluntad independientemente de si he tenido el concepto de antemano o si solo entra en mi conciencia inmediatamente antes de la acción, es decir, independientemente de si ya estaba presente como una disposición en mí o no.

Dado que un verdadero acto de voluntad resulta sólo cuando un impulso momentáneo a la acción, en forma de un concepto o imagen mental, actúa sobre la disposición caracterológica, tal impulso se convierte entonces en el motivo de la voluntad.

Los motivos de la conducta moral son imágenes mentales y conceptos. Hay filósofos morales que ven un motivo para el comportamiento moral también en los sentimientos; Afirman, por ejemplo, que el objetivo de la acción moral es promover la mayor cantidad posible de placer para el individuo que actúa. El placer mismo, sin embargo, no puede convertirse en un motivo; Sólo un *placer imaginado* puede. La *imagen mental* de un sentimiento futuro, pero no el sentimiento en sí puede actuar sobre mi disposición caracterológica. Porque el sentimiento mismo aún no existe en el momento de la acción; primero tiene que ser producido por la acción.

Sin embargo, la *imagen mental* del bienestar propio o ajeno se considera correctamente como un motivo de la voluntad. El principio de producir la mayor cantidad de placer para uno mismo a través de la acción de uno, es decir, de alcanzar la felicidad individual, se llama *egoísmo*. El logro de esta felicidad individual se busca ya sea pensando despiadadamente sólo en el propio bien y esforzándose por alcanzarlo incluso a costa de la felicidad de otros individuos (egoísmo puro), o promoviendo el bien de los demás, ya sea porque uno anticipa una influencia favorable en su propia persona indirectamente a través de la felicidad de los demás. o porque uno teme poner en peligro su propio interés al herir a otros (moralidad de prudencia). El contenido especial de los principios egoístas de la moralidad dependerá de las imágenes mentales que formemos de lo que constituye nuestra propia felicidad o la de los demás. Un hombre determinará el contenido de su esfuerzo egoísta de acuerdo con lo que él considera como las cosas buenas de la vida (lujo, esperanza de felicidad, liberación de varios males, y así sucesivamente).

El contenido puramente conceptual de una acción debe considerarse como otro tipo de motivo. Este contenido no se refiere solo a la acción particular, como con la imagen mental de los propios placeres, sino a la derivación de una acción de un sistema de principios morales. Estos principios morales, en forma de conceptos abstractos, pueden regular la vida moral del individuo sin que se preocupe por el origen de los conceptos. En ese caso, simplemente sentimos que someternos a un concepto moral en forma de un mandamiento que eclipsa nuestras acciones, es una necesidad moral. El establecimiento de esta necesidad lo dejamos a aquellos que exigen sujeción moral de nosotros, es decir, a la autoridad moral que reconocemos (el jefe de la familia, el estado, la costumbre social, la autoridad de la iglesia, la revelación divina). Es un tipo especial de estos principios morales cuando el mandamiento se nos da a conocer no a través de una autoridad externa, sino a través de nuestra propia vida interior (autonomía moral). En este caso escuchamos la voz a la que tenemos que someternos, en nuestras propias almas. Esta voz se expresa como *conciencia*.

Es un avance moral cuando un hombre ya no acepta

simplemente las órdenes de una autoridad externa o interna como el motivo de su acción, sino que trata de comprender la razón por la cual una máxima particular de comportamiento debe actuar como un motivo en él. Este es el avance de la moralidad basada en la autoridad a la acción desde la percepción moral. En este nivel de moralidad, el hombre tratará de descubrir los requisitos de la vida moral y dejará que sus acciones sean determinadas por el conocimiento de ellas. Tales requisitos son:

el mayor bien posible de la humanidad puramente por su propio bien;

el progreso de la civilización, o la evolución moral de la humanidad hacia una perfección cada vez mayor;

La realización de objetivos morales individuales captados por pura intuición.

El *mayor bien posible de la humanidad* será naturalmente entendido de diferentes maneras por diferentes personas. Esta máxima no se refiere a ninguna imagen mental particular de este "bien", sino al hecho de que todos los que reconocen este principio se esfuerzan por hacer lo que, en su opinión, más promueve el bien de la humanidad.

El progreso de la *civilización*, para aquellos a quienes las bendiciones de la civilización traen un sentimiento de placer, resulta ser un caso especial del principio moral anterior. Por supuesto, tendrán que llevar al trato el declive y la destrucción de una serie de cosas que también contribuyen al bien general. Sin embargo, también es posible que algunas personas consideren el progreso de la civilización como una necesidad moral, aparte del sentimiento de placer que conlleva. Para ellos, esto se convierte en un principio moral especial además del anterior.

El principio del progreso de la civilización, como el del bien general, se basa en una imagen mental, es decir, en la forma en que relacionamos el contenido de nuestras ideas morales con experiencias particulares (percepciones). El principio moral más elevado concebible, sin embargo, es aquel que desde el principio no contiene tal referencia a experiencias particulares, sino que brota de la fuente de la intuición pura y sólo más tarde busca cualquier referencia a los perceptos, es decir, a la vida. Aquí la decisión sobre lo que se debe desear procede de una autoridad muy diferente de la de los casos anteriores. Si un hombre se aferra al principio del bien general, en todas sus acciones, primero preguntará qué contribuirán sus ideales a este bien general. Si un hombre defiende el principio del progreso de la civilización, actuará de manera similar. Pero hay un camino aún más elevado que no parte de un mismo objetivo moral particular en cada caso, sino que ve un cierto valor en todos los principios morales y siempre pregunta si en el caso dado este o aquel principio es el más importante. Puede suceder que en algunas circunstancias un hombre considere que el objetivo correcto es el progreso de la civilización, en otras la promoción del bien general, y en otra la promoción de su propio bienestar, y en cada caso hace de ese el motivo de su acción. Pero si ningún otro motivo para la decisión reclama más que el segundo lugar, entonces la intuición conceptual en sí misma es lo primero y más importante en consideración. Todos los demás motivos ahora ceden, y la idea detrás de una acción por sí sola se convierte en su motivo.

Entre los niveles de disposición caracterológica, hemos señalado como el más alto el que funciona como *puro pensamiento* o *razón práctica*. Entre los motivos, acabamos de señalar la *intuición conceptual* como la más elevada. En una inspección más cercana, se verá de inmediato que en este nivel de moralidad la *fuerza impulsora* y el *motivo* coinciden; es decir, ni una disposición caracterológica predeterminada ni la autoridad externa de un principio moral aceptado influyen en nuestra conducta. Por lo tanto, la acción no es una acción estereotipada que simplemente sigue ciertas reglas, ni es una acción que realizamos automáticamente en respuesta a un impulso externo, sino que es una acción determinada pura y simplemente por su propio contenido ideal.

Tal acción presupone la capacidad de intuiciones morales. Quien carece de la capacidad de experimentar por sí mismo el principio moral particular para cada situación, nunca logrará una voluntad verdaderamente individual.

El principio de moralidad de Kant —actúa para que la base de tu acción sea válida para todos los hombres— es exactamente lo contrario del nuestro. Su principio significa la muerte a todos los impulsos individuales de acción. Para mí, el estándar nunca puede ser la forma en que *todos los* hombres actuarían, sino más bien lo que, para mí, debe hacerse en cada caso individual.

Un juicio superficial podría plantear la siguiente objeción a estos argumentos: ¿Cómo se puede hacer una acción individualmente para adaptarse al caso y la situación especiales, y al mismo tiempo ser determinada por la intuición de una manera puramente ideal? Esta objeción se basa en una confusión del motivo moral con el contenido perceptible de una acción. Este último *puede* ser un motivo, y en realidad *lo es* en el caso del progreso de la civilización, o cuando actuamos desde el egoísmo, etc., pero en una acción basada en la intuición moral pura no es el motivo. Por supuesto, mi "yo" toma nota de estos contenidos perceptivos, pero no se deja *determinar* por ellos. El contenido se usa solo para construir un concepto *cognitivo*, pero el *concepto moral* correspondiente no se deriva del "yo" del objeto. El concepto cognitivo de una situación dada que enfrento es al mismo tiempo un concepto moral sólo si tomo el punto de vista de un principio moral particular. Si tuviera que basar mi conducta sólo en el principio general del desarrollo de la civilización, entonces mi camino a través de la vida estaría atado a una ruta fija. De cada acontecimiento que percibo y que me concierne, surge al mismo tiempo un deber moral: a saber, poner mi granito de arena para que este acontecimiento esté hecho para servir al desarrollo de la civilización. Además del concepto que me revela las conexiones de eventos u objetos de acuerdo con las leyes de la naturaleza, también hay una etiqueta moral adjunta a ellos que para mí, como persona moral, da instrucciones éticas sobre cómo tengo que conducirme. Tal etiqueta moral está justificada por su propio motivo; en un nivel superior coincide con la idea que se me revela cuando me enfrento a la instancia concreta.

Los hombres varían mucho en su capacidad para la intuición. En uno, las ideas simplemente burbujean; otro los adquiere con mucho trabajo. Las situaciones en las que viven los hombres y que proporcionan las escenas de sus acciones no son menos variadas. Por lo tanto, la conducta de un hombre dependerá de la manera en que su facultad de intuición funcione en una situación dada. La suma de ideas que son efectivas en nosotros, el contenido concreto de nuestras intuiciones constituye lo que es individual en cada uno de nosotros, a pesar de la universalidad del mundo de las ideas. En la medida en que este contenido intuitivo se aplica a la acción, constituye el contenido moral del individuo. Dejar que este contenido se exprese en la vida es tanto la fuerza motriz moral más alta como el motivo más elevado que un hombre puede tener, quien ve que en este contenido todos los demás principios morales están al final unidos. Podemos llamar a este punto de vista *individualismo ético*.

El factor decisivo de una acción intuitivamente determinada en cualquier caso concreto es el descubrimiento de la correspondiente intuición puramente individual. En este nivel de moralidad sólo se puede hablar de conceptos generales de moralidad (normas, leyes) en la medida en que resultan de la generalización de los impulsos individuales. Las normas generales siempre presuponen hechos concretos de los que pueden derivarse. Pero los hechos primero tienen que ser *creados* por la acción humana.

Si buscamos las reglas (principios conceptuales) que subyacen a las acciones de individuos, pueblos y épocas, obtenemos un sistema de ética que no es tanto una ciencia de leyes morales como una historia natural de la moralidad. Son sólo las leyes obtenidas de esta manera las que están relacionadas con la acción humana, como las leyes de la naturaleza están relacionadas con un fenómeno particular. Estas leyes, sin embargo, no son de ninguna manera idénticas a los impulsos en los que basamos nuestras acciones. Si queremos entender cómo surge la acción de un hombre de su voluntad *moral*, primero debemos estudiar la relación de esta voluntad con la acción. Sobre todo, debemos estar atentos a aquellas acciones en las que esta relación es el factor determinante. Si yo, o alguien más, reflexionamos sobre tal acción después, podemos descubrir qué principios morales entran en tela de juicio con respecto a ella. Mientras realizo la acción, estoy influenciado por una máxima moral en la medida en que puede vivir en mí intuitivamente; está ligado a mi *amor* por el objetivo que quiero realizar a través de mi acción. No pregunto a ningún hombre ni regla: "¿Debo realizar esta acción?", pero la llevo a cabo tan pronto como haya captado la idea de ello. Esto por sí solo lo convierte en *mi* acción. Si un hombre actúa sólo porque acepta ciertas normas morales, su acción es el resultado de los principios que componen su código moral. Él simplemente lleva a cabo órdenes. Es un autómata superior. Inyecta algún estímulo a la acción en su mente, y de inmediato el mecanismo de relojería de sus principios morales se pondrá en movimiento y seguirá su curso prescrito, a fin de resultar en una acción que sea cristiana, o humana, o aparentemente desinteresada, o calculada para promover el progreso de la civilización. Sólo cuando sigo mi amor por mi objetivo soy yo mismo quien actúa. Actúo, a este nivel de moralidad, no porque reconozca a un señor sobre mí, o a una autoridad externa, o a una llamada voz interior; No reconozco ningún principio externo para mi acción, porque he encontrado en mí mismo el fundamento de mi acción, es decir, mi amor por la acción. No calculo mentalmente si mi acción es buena o mala; Lo llevo a cabo porque me *encanta*. Mi acción será "buena" si mi intuición, impregnada de amor, encuentra su lugar correcto dentro del continuo mundo intuitivamente experimentable; Será "malo" si este no es el caso. Una vez más, no me pregunto: "¿Cómo actuaría otro hombre en mi posición?", pero actúo como yo, esta individualidad particular, encuentro que tengo ocasión de hacer. Ningún uso general, ninguna costumbre común, ninguna máxima que se aplique a todos los hombres, ninguna norma moral es mi guía inmediata, sino mi amor por la acción. No siento ninguna compulsión, ni la compulsión de la naturaleza que me guía por mis instintos, ni la compulsión de los mandamientos morales, sino que simplemente quiero llevar a cabo lo que hay dentro de mí.

Aquellos que defienden las normas morales generales podrían responder a estos argumentos de que si cada uno se esfuerza por vivir su propia vida y hacer lo que le plazca, no puede haber distinción entre una buena acción y un crimen; Cada impulso corrupto que yace dentro de mí tiene tan buena pretensión de expresarse como la intención de servir al bien general. Lo que me determina como ser moral no puede ser el mero hecho de haber concebido la idea de una acción, sino si la juzgo como buena o *mala*. Sólo en el primer caso debo llevarlo a cabo.

Mi respuesta a esta objeción muy obvia, que sin embargo se basa en un malentendido de mi argumento, es la siguiente: si queremos entender la naturaleza de la voluntad humana, debemos distinguir entre el camino que conduce a esta voluntad a un cierto grado de desarrollo y el carácter único que asume la voluntad a medida que se acerca a esta meta. En el camino hacia este objetivo, las normas desempeñan el papel que les corresponde. La meta consiste en la realización de metas morales captadas por pura intuición. El hombre alcanza tales objetivos en la medida en que es capaz de elevarse al mundo intuitivo de las ideas. En cualquier acto particular de voluntad, tales objetivos morales generalmente tendrán otros elementos mezclados con ellos, ya sea como fuerza motriz o como motivo. Sin embargo, la intuición puede ser total o parcialmente el factor determinante en la voluntad humana. Lo que uno *debe* hacer, eso hace; uno proporciona el escenario en el que la obligación se convierte en acción; la propia acción es lo que uno produce de uno mismo. Aquí el impulso sólo puede ser totalmente individual. Y, en verdad, sólo un acto de voluntad que surge de la intuición puede ser individual. Considerar el mal, el acto de un criminal, como una expresión de la individualidad humana en el mismo sentido que se considera la encarnación de la intuición pura, sólo es posible si los instintos ciegos se cuentan como parte de la individualidad humana. Pero el instinto ciego que lleva a un hombre al crimen no surge de la intuición, y no pertenece a lo que es individual en él, sino más bien a lo que es más general en él, a lo que está igualmente presente en todos los individuos y de lo cual un hombre trabaja su camino por medio de lo que es individual en él. Lo que es individual en mí no es mi organismo con sus instintos y sus sentimientos, sino más bien el mundo unificado de ideas que se ilumina dentro de este organismo. Mis instintos, impulsos y pasiones no establecen más que que pertenezco a la especie general *hombre*; es el hecho de que algo del mundo de las ideas se expresa de una manera particular dentro de estos impulsos, pasiones y sentimientos lo que establece mi individualidad. A través de mis instintos y antojos, soy el tipo de hombre de quien hay doce a docenas; a través de la forma particular de la idea por medio de la cual me designo dentro de la docena como "yo", soy un individuo. Sólo un ser distinto de mí mismo podía distinguirme de los demás por la diferencia en mi naturaleza animal; a través de mi pensamiento, es decir, al captar activamente lo que se expresa en mi organismo como idea, me distingo de los demás. Por lo tanto, no se puede decir de la acción de un criminal que procede de la idea dentro de él. De hecho, el rasgo característico de las acciones criminales es precisamente que surgen de los elementos no ideales en el hombre.

Una acción se siente libre en la medida en que las razones para ello surgen de la parte ideal de mi ser individual; Cualquier otra parte de una acción, independientemente de si se lleva a cabo bajo la compulsión de la naturaleza o bajo la obligación de un estándar moral, se considera *que no es libre*.

El hombre es libre en la medida en que es capaz de obedecer a sí mismo en cada momento de su vida. Una acción moral es mi acción sólo si puede ser llamada libre en este sentido. Aquí hemos considerado qué condiciones se requieren para que una acción intencional se sienta como libre; Cómo esta idea puramente éticamente entendida de la libertad llega a realizarse en el ser del hombre se mostrará en lo que sigue.

Actuar desde la libertad no excluye las leyes morales; los incluye, pero se muestra en un nivel más alto que aquellas acciones que son meramente dictadas por tales leyes. ¿Por qué mi acción debería ser menos útil para el bien público cuando la he hecho por amor que cuando la he hecho *solo* porque considero que servir al bien público es mi deber? El mero concepto de deber excluye la *libertad* porque no reconoce el elemento individual, sino que exige que esté sujeto a una norma general. La libertad de acción es concebible sólo desde el punto de vista del individualismo ético.

Pero ¿cómo es posible una vida social para el hombre si cada uno sólo se esfuerza por afirmar su propia individualidad? Esta objeción es característica de una falsa comprensión del moralismo. Tal moralista cree que una comunidad social es posible sólo si todos los hombres están unidos por un orden moral fijado comunalmente. Lo que este tipo de moralista no entiende es sólo la unidad del mundo de las ideas. No ve que el mundo de las ideas que trabajan en *mí* no es otro que el que trabaja en mi prójimo. Es cierto que esta unidad no es más que el resultado de la experiencia práctica. Pero, de hecho, *no puede* ser otra cosa. Porque si pudiera ser conocido de otra manera que no sea por observación, entonces en su propia esfera las normas universales en lugar de la experiencia individual serían la regla. La individualidad es posible sólo si cada ser individual conoce a los demás a través de la observación individual solamente. Difiero de mi prójimo, no en absoluto porque estemos viviendo en dos mundos espirituales completamente diferentes, sino porque del mundo de las ideas comunes a ambos recibimos intuiciones diferentes. Él quiere vivir *sus* intuiciones, yo *las mías*. Si ambos realmente concebimos fuera de la idea, y no obedecemos a ningún impulso externo (físico o espiritual), entonces no podemos dejar de encontrarnos en un esfuerzo similar, en una intención común. Un malentendido moral, un choque, es imposible entre hombres que son moralmente *libres*. Sólo los moralmente no libres que siguen sus instintos naturales o los mandatos aceptados del deber entran en conflicto con sus vecinos si estos no obedecen los mismos instintos y mandatos que ellos mismos. *Vivir* en amor hacia nuestras acciones, y *dejar vivir* en la comprensión de la voluntad de la otra persona, es la máxima fundamental de los *hombres libres*. No conocen otra *obligación* que la que su voluntad pone al unísono intuitivamente; cómo dirigirán su *voluntad* en un caso particular, su facultad de ideas decidirá.

Si la capacidad de llevarse bien unos con otros no fuera una parte básica de la naturaleza humana, ninguna ley externa podría implantarla en nosotros. Es sólo porque los individuos humanos *son* uno en espíritu que pueden vivir sus vidas lado a lado. El hombre libre vive en la confianza de que él y cualquier otro hombre libre pertenecen a un mundo espiritual, y que sus intenciones armonizarán. El hombre libre no exige el acuerdo de su prójimo, sino que espera encontrarlo porque es inherente a la naturaleza humana. No me refiero aquí a la necesidad de tal o cual institución externa, sino a la *disposición*, la *actitud del alma*, a través de la cual un hombre, consciente de sí mismo entre sus semejantes, expresa más claramente el ideal de la dignidad humana.

Hay muchos que dirán que el concepto del hombre *libre* que he desarrollado aquí es una quimera que no se encuentra en ninguna parte en la práctica; tenemos que ver con seres humanos reales, de quienes solo podemos esperar moralidad si obedecen alguna ley moral, es decir, si consideran su tarea moral como un deber y no siguen libremente sus inclinaciones y amores. No lo dudo en absoluto. Sólo un ciego podía hacerlo. Pero si esta ha de ser la conclusión *final*, ¡entonces fuera toda esta hipocresía sobre la moralidad! Digamos entonces simplemente que la naturaleza humana debe ser *impulsada* a sus acciones mientras no sea *libre*. Si su falta de libertad le es impuesta por medios físicos o por leyes morales, si el hombre no es libre porque sigue su deseo sexual ilimitado o porque está atado por las cadenas de la moralidad convencional, es bastante irrelevante desde cierto punto de vista. Sólo que no afirmemos que un hombre así puede llamar correctamente *suyas* sus acciones, ya que es conducido a ellas por una fuerza distinta a sí mismo. Pero en medio de todo este marco de compulsión surgen hombres que se establecen como *espíritus libres* en toda la maraña de costumbres, códigos legales, observancias religiosas, etc. Son libres en la medida en que se obedecen sólo a sí mismos, *no libres* en la medida en que se someten al control. ¿Quién de nosotros puede decir que es realmente libre en todas sus acciones? Sin embargo, en cada uno de nosotros habita un ser más profundo en el que el hombre libre encuentra expresión.

Nuestra vida está hecha de acciones libres y no libres. Sin embargo, no podemos pensar completamente en el concepto de hombre sin llegar al *espíritu libre* como la expresión más pura de la naturaleza humana. De hecho, somos hombres en el verdadero sentido sólo en la medida en que somos libres.

Este es un ideal, dirán muchos. Indudablemente; Pero es un ideal que es un elemento real en nosotros que se abre camino hacia la superficie de nuestra naturaleza. No es un ideal sólo pensado o soñado, sino uno que tiene vida, y que se anuncia claramente incluso en la forma menos perfecta de su existencia. Si el hombre fuera simplemente una criatura natural, no habría tal cosa como la búsqueda de ideales, es decir, de ideas que por el momento no son efectivas, pero cuya realización es necesaria. Con las cosas del mundo exterior, la idea está determinada por el percepto; Hemos hecho nuestra parte cuando hemos reconocido la conexión entre la idea y la percepción. Pero con el ser humano no es así. La suma total de su existencia no está completamente determinada sin su propio yo; Su verdadero concepto como ser *moral* (espíritu libre) no está objetivamente unido desde el principio con la imagen perceptiva del "hombre" que sólo necesita ser confirmada por el conocimiento después. El hombre debe unir su concepto con la percepción del hombre por su propia actividad. El concepto y la percepción coinciden en este caso sólo si el hombre mismo las hace coincidir. Esto sólo puede hacerlo si ha encontrado el concepto del espíritu libre, es decir, si ha encontrado el concepto de sí mismo. En el mundo objetivo nuestra organización traza una línea divisoria entre la percepción y el concepto; El conocimiento supera esta división. En nuestra naturaleza subjetiva esta división no está menos presente; El hombre lo supera en el curso de su desarrollo al llevar el concepto de sí mismo a la expresión en su existencia externa. Por lo tanto, no sólo la vida intelectual del hombre, sino también su vida moral conduce a su doble naturaleza, la percepción (experiencia directa) y el pensamiento. La vida intelectual supera esta doble naturaleza por medio del conocimiento, la vida moral la supera a través de la realización real del espíritu libre. Cada cosa existente tiene su concepto innato (la ley de su ser y hacer), pero en los objetos externos este concepto está indivisiblemente ligado con el percepto, y separado de él sólo dentro de nuestra organización espiritual. En el hombre, el concepto y la percepción están, al principio, *realmente* separados, para estar igualmente unidos por él.

Uno podría objetar: En cada momento de la vida de un hombre hay un concepto definido que corresponde a nuestra percepción de él al igual que con todo lo demás. Puedo formarme por mí mismo el concepto de un tipo particular de hombre, e incluso puedo encontrar a tal hombre dado a mí como una percepción; si ahora añado a esto el concepto de un espíritu libre, entonces tengo dos conceptos para el mismo objeto.

Tal objeción es unilateral. Como objeto de percepción estoy sujeto a un cambio continuo. De niño yo era una cosa, otra de joven, otra más como hombre. De hecho, en cada momento la percepción-imagen de mí mismo es diferente de lo que era el momento anterior. Estos cambios pueden tener lugar de tal manera que siempre sea el mismo hombre (el tipo) quien se revele en ellos, o que representen la expresión de un espíritu libre. A tales cambios mi acción, como objeto de percepción, está sometida.

El objeto perceptivo "hombre" tiene en sí la posibilidad de transformarse, así como la semilla de la planta contiene la posibilidad de convertirse en una planta completa. La planta se transforma a sí misma debido a la ley objetiva inherente a ella; El ser humano permanece en su estado incompleto a menos que se apodere del material para la transformación dentro de él y se transforme a sí mismo a través de su propio poder. La naturaleza hace del hombre simplemente un ser natural; la sociedad hace de él un ser respetuoso de la ley; Sólo *él* mismo puede hacer de sí mismo un *hombre libre*. La naturaleza libera al hombre de sus grilletes en una etapa definida de su desarrollo; la sociedad lleva este desarrollo un paso más allá; Solo él puede darse el pulido final.

El punto de vista de la moralidad libre, entonces, no declara que el espíritu libre sea la única forma en que un hombre puede existir. Ve en el espíritu libre sólo la última etapa de la evolución del hombre. Esto no es negar que la conducta de acuerdo con las normas tiene su justificación como una etapa en la evolución. Sólo que no podemos reconocerlo como el punto de vista absoluto en la moralidad. Porque el espíritu libre supera las normas en el sentido de que no sólo acepta los mandamientos como sus motivos, sino que ordena su acción de acuerdo con sus propios impulsos (intuiciones).

Cuando Kant dice del deber: "¡Deber! Tú nombre exaltado y poderoso, tú que no comprendes nada digno de ador, nada que se congracie, sino que exiges la más sumisión", tú que "estableces una ley... ante lo cual todas las inclinaciones están en silencio, aunque secretamente trabajen contra ella", [5] entonces fuera de la conciencia del espíritu libre, el hombre responde: "¡Libertad! Tú bondadoso y humano nombras, tú que comprendes todo lo que es moralmente más adorable, todo lo que mi hombría más valora, y que me hace siervo de nadie, tú que no estableces una mera ley, sino que renuncias a lo que mi amor moral mismo reconocerá como ley, porque frente a cada ley meramente impuesta se siente no libre".

Este es el contraste entre una moralidad basada en la mera ley y una moral basada en la libertad interior.

El filisteo, que ve la encarnación de la moralidad en un

código externo, puede ver en el espíritu libre incluso a una persona peligrosa. Pero eso es solo porque su punto de vista se reduce a un período de tiempo limitado. Si fuera capaz de mirar más allá de esto, descubriría de inmediato que el espíritu libre rara vez necesita ir más allá de las leyes de su estado como lo hace el propio filisteo, y ciertamente nunca necesita colocarse en oposición real a ellas. Porque las leyes del Estado, todas, al igual que todas las demás leyes objetivas de la moralidad, han tenido su origen en las intuiciones de los espíritus libres. No hay ninguna regla impuesta por la autoridad familiar que no haya sido comprendida intuitivamente y establecida como tal por un antepasado; Del mismo modo, las leyes convencionales de la moralidad son establecidas en primer lugar por hombres definidos, y las leyes del Estado siempre se originan en la cabeza de un estadista. Estos espíritus líderes han establecido leyes sobre otros hombres, y la única persona que se siente no libre es la que olvida este origen y convierte estas leyes en mandamientos extrahumanos, conceptos morales objetivos del deber independientes del hombre, o bien los convierte en la voz dominante dentro de sí mismo que supone, de una manera falsamente mística, para obligarlo. Por otro lado, la persona que no pasa por alto este origen, sino que busca al hombre dentro de él, contará tales leyes como pertenecientes al mismo mundo de ideas del que él también extrae sus intuiciones morales. Si cree que tiene mejores intuiciones, tratará de ponerlas en el lugar de las existentes; Si encuentra justificadas las existentes, actuará de acuerdo con ellas como si fueran suyas.

No debemos acuñar la fórmula: el hombre existe sólo para realizar un orden moral mundial que es muy distinto de sí mismo. Cualquiera que sostenga que esto es así, permanece, en su conocimiento del hombre, en el punto donde la ciencia natural estaba cuando creía que un toro tiene cuernos para golpear. Los científicos, felizmente, han desechado el concepto de propósito como una teoría muerta. A la ética le resulta más difícil liberarse de este concepto. Pero así como los cuernos no existen por el bien de los golpes, sino por la presencia de cuernos, así el hombre no existe *por el bien* de la moralidad, sino la moralidad a través de la presencia del hombre. El hombre libre actúa moralmente porque tiene una idea moral; Él no actúa para que la moralidad pueda llegar a existir. Los individuos humanos, con las ideas morales pertenecientes a su naturaleza, son los requisitos previos de un orden moral mundial.

El individuo humano es la fuente de toda moralidad y el centro de la vida terrena. El Estado y la sociedad existen sólo porque han surgido como una consecuencia necesaria de la vida de los individuos. Que el estado y la sociedad deban a su vez reaccionar sobre la vida individual no es más difícil de comprender que el tope que es el resultado de la presencia de cuernos reacciona a su vez sobre el desarrollo posterior de los cuernos del toro, que se atrofiarían a través del desuso prolongado. Del mismo modo, el individuo se atrofiaría si llevara una existencia aislada fuera de la sociedad humana. De hecho, esta es la razón por la que surge el orden social, para que a su vez pueda reaccionar favorablemente sobre el individuo.

LIBERTAD – FILOSOFÍA Y MONISMO

El hombre ingenuo, que reconoce como real sólo lo que puede ver con sus ojos y captar con sus manos, requiere para su vida moral, también, una base para la acción que sea perceptible a los sentidos. Requiere que alguien o algo le imparta la base de su acción de una manera que sus sentidos puedan entender. Está dispuesto a permitir que esta base para la acción le sea dictada como mandamientos por cualquier hombre que considere más sabio o poderoso que él, o a quien reconozca por alguna otra razón como un poder sobre él. De esta manera surgen, como principios morales, la autoridad de la familia, el estado, la sociedad, la iglesia y Dios, como se describió anteriormente. Un hombre que es muy estrecho de mente todavía pone su fe en una sola persona; El hombre más avanzado permite que su conducta moral sea dictada por una mayoría (estado, sociedad). Siempre es sobre los poderes perceptibles que él construye. El hombre que despierta por fin a la convicción de que básicamente estos poderes son seres humanos tan débiles como él, busca la guía de un poder superior, de un Ser Divino, a quien dota, sin embargo, de rasgos perceptibles de los sentidos. Él concibe a este Ser como comunicándole el contenido conceptual de su vida moral, de nuevo de una manera perceptible, ya sea, por ejemplo, que Dios aparece en la zarza ardiente, o que se mueve entre los hombres en forma humana manifiesta, y que sus oídos pueden escucharlo diciéndoles qué hacer y qué no hacer.

La etapa más alta del desarrollo del realismo ingenuo en la esfera de la moralidad es aquella en la que el mandamiento moral (idea moral) se separa de todo ser que no sea uno mismo y se piensa, hipotéticamente, como un poder absoluto en la propia vida interior. Lo que el hombre primero tomó como la voz externa de Dios, ahora lo toma como un poder independiente dentro de él, y habla de esta voz interior de tal manera que la identifica con la conciencia.

Pero al hacer esto, ya ha ido más allá de la etapa de conciencia ingenua a la esfera donde las leyes morales se han convertido en estándares existentes independientemente. Allí ya no son llevados por portadores reales, sino que se han convertido en entidades metafísicas que existen por derecho propio. Son análogas a las invisibles "fuerzas visibles" del realismo metafísico, que no busca la realidad a través de la parte de ella que el hombre tiene en su pensamiento, sino que hipotéticamente la agrega a la experiencia real. Estos estándares morales extrahumanos siempre ocurren como características acompañantes del realismo metafísico. Porque el realismo metafísico está obligado a buscar el origen de la moralidad en la esfera de la realidad extrahumana. Aquí hay varias posibilidades. Si la entidad hipotéticamente asumida se concibe como en sí misma irreflexiva, actuando de acuerdo con leyes puramente mecánicas, como lo haría el materialismo, entonces también debe producir de sí misma, por necesidad puramente mecánica, al individuo humano con todos sus rasgos característicos. La conciencia de la libertad no puede ser más que una ilusión. Porque aunque me considero el autor de mi acción, es la materia de la que estoy compuesto y los movimientos que están sucediendo en ella lo que está trabajando en mí. Me creo libre; Pero, de hecho, todas mis acciones no son más que el resultado de los procesos materiales que subyacen a mi organización física y mental. Se dice que tenemos la sensación de libertad sólo porque no conocemos los motivos que nos impulsan.

Debemos enfatizar que el sentimiento de libertad se debe a la ausencia de motivos externos convincentes ... Nuestra acción es necesaria, al igual que nuestro pensamiento.

Otra posibilidad es que un hombre pueda imaginar al Absoluto extrahumano que se encuentra detrás del mundo de las apariencias como un ser espiritual. En este caso, también buscará el impulso de sus acciones en una fuerza espiritual correspondiente. Verá los principios morales que se encuentran en su propia razón como la expresión de este ser mismo, que tiene sus propias intenciones especiales con respecto al hombre. Para este tipo de dualista, las leyes morales parecen estar dictadas por el Absoluto, y todo lo que el hombre tiene que hacer es usar su inteligencia para descubrir las decisiones del ser absoluto y luego llevarlas a cabo. El orden moral mundial aparece para el dualista como el reflejo perceptible de un orden superior detrás de él. La moralidad terrenal es la manifestación del orden mundial extrahumano. No es el hombre lo que importa en este orden moral, sino el ser mismo, es decir, la entidad extrahumana. El hombre *hará* lo que este ser *quiera*. Eduard von Hartmann, que imagina a este ser mismo como una Divinidad cuya existencia misma es una vida de sufrimiento, cree que este Ser Divino ha creado el mundo para así liberarse de Su sufrimiento infinito. Por lo tanto, este filósofo considera la evolución moral de la humanidad como un proceso que está ahí para la redención de Dios.

Sólo a través de la construcción de un orden moral mundial por individuos inteligentes y autoconscientes puede el proceso mundial ser conducido hacia su objetivo. ... La verdadera existencia es la encarnación de la Deidad; el proceso mundial es la Pasión de la Deidad encarnada y al mismo tiempo el camino de redención para Aquel que fue crucificado en la carne; *La moral, sin embargo, es la colaboración en el acortamiento de este camino de sufrimiento y redención.*

Aquí el hombre no actúa porque quiere, sino que actuará, porque es la voluntad de Dios ser redimido. Mientras que el dualista materialista hace del hombre un autómata cuyas acciones son sólo el resultado de un sistema puramente mecánico, el dualista espiritualista (es decir, uno que ve el Absoluto, el Ser-en-sí, como algo espiritual en el que el hombre no tiene participación en su experiencia consciente) lo convierte en esclavo de la voluntad del Absoluto. Como en el materialismo, así también en el espiritualismo unilateral, de hecho, en cualquier tipo de realismo metafísico que infiere pero no experimenta algo extrahumano como la verdadera realidad, la libertad está fuera de discusión.

Tanto el realismo metafísico como el ingenuo, seguidos consistentemente, deben negar la libertad por una misma razón: ambos ven al hombre como no haciendo más que poner en práctica, o llevar a cabo, los principios impuestos sobre él por la necesidad. El realismo ingenuo destruye la libertad al someter al hombre a la autoridad de un ser perceptible o de uno concebido en la analogía de un ser perceptible, o eventualmente a la autoridad de la voz interior abstracta que *interpreta* como "conciencia"; el metafísico, que simplemente infiere la realidad extrahumana, no puede reconocer la libertad porque ve al hombre como determinado, mecánica o moralmente, por un "Ser-en-sí".

El monismo tendrá que reconocer que el realismo ingenuo está parcialmente justificado porque reconoce la justificación del mundo de los perceptos. Quien es incapaz de producir ideas morales a través de la intuición debe aceptarlas de los demás. En la medida en que un hombre recibe sus principios morales del exterior, de hecho no es libre. Pero el monismo concede tanta importancia a la idea como a la percepción. La idea, sin embargo, puede llegar a manifestarse en el individuo humano. En la medida en que el hombre sigue los impulsos que vienen de este lado, se siente libre. Pero el monismo niega toda justificación a la metafísica, que simplemente saca inferencias, y en consecuencia también a los impulsos de acción que se derivan de los llamados "Seres-en-sí mismos". Según el punto de vista monista, el hombre puede actuar sin libertad, cuando obedece a alguna compulsión externa perceptible; Puede actuar libremente, cuando no obedece a nadie más que a sí mismo. El monismo no puede reconocer ninguna compulsión inconsciente oculta detrás de la percepción y el concepto. Si alguien afirma que la acción de un prójimo se hace *sin libertad*, entonces debe identificar la cosa o la persona o la institución dentro del mundo perceptible, que ha causado que la persona actúe; y si basa su afirmación en causas de acción que se encuentran fuera del mundo que es real para los sentidos y el espíritu, entonces el monismo no puede prestarle atención.

Según el punto de vista monista, entonces, la acción del hombre es en parte no libre, en parte libre. Se encuentra a sí mismo *como no* libre en el mundo de los perceptos, y se da cuenta dentro de sí mismo del espíritu *libre*.

Las leyes morales que el metafísico que trabaja por mera inferencia debe considerar como emanadas de un poder superior, son, para los partidarios del monismo, *pensamientos* de los hombres; para él, el orden moral del mundo no es ni la huella de un orden natural puramente mecánico, ni el de un orden mundial extrahumano, sino a través y a través de la libre creación de los hombres.

No es la voluntad de algún ser fuera de él en el mundo lo que el hombre tiene que llevar a cabo, sino la suya propia; Él pone en práctica sus propias resoluciones e intenciones, no las de otro ser. El monismo no ve, detrás de las acciones del hombre, los propósitos de un directorio supremo, ajeno a él y que lo determina según su voluntad, sino que ve que los hombres, en la medida en que realizan sus ideas intuitivas, persiguen solo sus propios fines *humanos*. Además, cada individuo persigue sus propios fines particulares. Porque el mundo de las ideas se expresa, no en una comunidad de hombres, sino sólo en individuos humanos. Lo que aparece como el objetivo común de todo un grupo de personas es sólo el resultado de los actos separados de voluntad de sus miembros individuales, y de hecho, generalmente de unos pocos destacados que, como sus autoridades, son seguidos por los demás. Cada uno de nosotros tiene en él ser un *espíritu libre*, así como cada capullo de rosa tiene en él una rosa.

El monismo, entonces, en la esfera de la verdadera acción moral, es una *filosofía de la libertad*. Dado que es una filosofía de la realidad, rechaza las restricciones metafísicas e irreales del espíritu libre tan completamente como acepta las restricciones físicas e históricas (ingenuamente reales) del hombre ingenuo. Dado que no considera al hombre como un producto terminado, revelando su naturaleza completa en cada momento de su vida, considera que la disputa sobre si el hombre como tal es *libre o* no, no tiene consecuencias.

Ve en el hombre un ser en desarrollo, y se pregunta si, en el curso de este desarrollo, se puede alcanzar la etapa del espíritu libre.

El monismo sabe que la Naturaleza no envía al hombre de sus brazos listo como un espíritu libre, sino que lo lleva a una cierta etapa desde la cual continúa desarrollándose aún como un ser no libre hasta que llega al punto en que se encuentra a sí mismo.

El monismo es bastante claro en que un ser que actúa bajo compulsión física o moral no puede ser un ser verdaderamente moral. Considera las fases del comportamiento automático (seguir impulsos e instintos naturales) y del comportamiento obediente (seguir las normas morales) como etapas preparatorias necesarias de la moralidad, pero también ve que ambas etapas transitorias pueden ser superadas por el espíritu libre. El monismo libera la concepción del mundo verdaderamente moral tanto de las cadenas mundanas de las máximas morales ingenuas como de las máximas morales trascendentales del metafísico especulativo. El monismo no puede eliminar al primero del mundo más de lo que puede eliminar los perceptos; Rechaza este último porque busca todos los principios para la elucidación de los fenómenos mundiales *dentro* de ese mundo, y ninguno fuera de él.

Así como el monismo se niega incluso a pensar en principios de conocimiento distintos de los que se aplican a los hombres (ver capítulo 7), también rechaza enfáticamente incluso el pensamiento de máximas morales distintas de las que se aplican a los hombres. La moralidad humana, como el conocimiento humano, está condicionada por la naturaleza humana. Y así como los seres de un orden diferente entenderán que el conocimiento significa algo muy diferente de lo que significa para nosotros, así otros seres tendrán una moralidad diferente a la nuestra. La moralidad es para el monista una cualidad específicamente humana, y la *libertad* espiritual la forma humana de ser moral.

Adiciones del autor, 1918

Al formarse un juicio sobre el argumento de los dos capítulos anteriores, puede surgir una dificultad en el sentido de que uno parece estar enfrentado a una contradicción. Por un lado, hemos hablado de la experiencia del pensamiento, que se siente que tiene un significado universal, igualmente válido para toda conciencia humana; Por otro lado, hemos mostrado que las ideas que llegan a realizarse en la vida moral, y son del mismo tipo que las elaboradas en el pensamiento, se expresan en cada conciencia humana de una manera bastante individual. Si no podemos ir más allá de considerar esta antítesis como una "contradicción", y si no vemos que en el *reconocimiento vivo* de esta antítesis *realmente existente* se revela un pedazo de la naturaleza esencial del hombre, entonces seremos incapaces de ver ni la idea de conocimiento ni la idea de libertad bajo una luz verdadera. Para aquellos que piensan en sus conceptos como meramente abstraídos del mundo perceptible de los sentidos y que no permiten que la intuición ocupe el lugar que le corresponde, este pensamiento, aquí reclamado como una realidad, debe seguir siendo una "mera contradicción". Si realmente entendemos cómo las ideas se *experimentan* intuitivamente en su esencia autosuficiente, queda claro que *en el acto de conocer*, el hombre, al borde del mundo de las ideas, vive su camino hacia algo que es lo mismo para todos los hombres, pero que cuando, de este mundo de ideas, deriva las intuiciones para sus actos de voluntad, Él individualiza una parte de este mundo por *la misma actividad* que practica como un humano universal en el proceso ideal espiritual del conocimiento. Lo que aparece como una contradicción lógica entre la naturaleza universal de las ideas cognitivas y la naturaleza individual de las ideas morales es lo que, cuando se ve en *su realidad*, se convierte en un concepto vivo. Es un rasgo característico de la naturaleza esencial del hombre que lo que puede ser captado intuitivamente oscila de un lado a otro dentro del hombre, como un péndulo viviente, entre el conocimiento universalmente válido y la experiencia individual del mismo. Para aquellos que no pueden ver la mitad del vaivén en su realidad, el pensamiento sigue siendo sólo una actividad humana subjetiva; Para aquellos que no pueden comprender la otra mitad, la actividad del hombre en el pensamiento parecerá perder toda la vida individual. Para el primer tipo de pensador, es el acto de saber que es un hecho ininteligible; Para el segundo tipo, es la vida moral. Ambos propondrán todo tipo de formas imaginarias de explicar lo uno o lo otro, todas igualmente infundadas, ya sea porque no logran comprender que el pensamiento puede ser realmente experimentado, o porque lo malinterpretan como una actividad meramente abstracta.

En la página 147 he hablado del materialismo. Soy muy consciente de que hay pensadores —como Ziehen, mencionado anteriormente— que no se llaman a sí mismos materialistas en absoluto, pero que, sin embargo, deben describirse como tales desde el punto de vista presentado en este libro. El punto no es si alguien dice que para él el mundo no está restringido a la existencia meramente material y que, por lo tanto, no es materialista; Pero el punto es si desarrolla conceptos que son aplicables *sólo* a la existencia material. Cualquiera que diga: "Nuestra acción es necesaria al igual que nuestro pensamiento", ha implicado un concepto que es aplicable sólo a los procesos materiales, pero no a la acción o al ser; Y si tuviera que pensar su concepto hasta el final, no podría evitar pensar materialmente. Él evita hacer esto sólo por la misma inconsistencia que tan a menudo resulta de no pensar en los pensamientos de uno hasta el final.

A menudo se dice hoy en día que el materialismo del siglo XIX está pasado de moda en los círculos conocedores. Pero, de hecho, esto no es del todo cierto. Es sólo que hoy en día las personas a menudo no se dan cuenta de que no tienen otras ideas más que aquellas con las que uno puede acercarse sólo a las cosas materiales.

Así, el materialismo reciente está velado, mientras que en la segunda mitad del siglo XIX se mostró abiertamente. El materialismo velado del presente no es menos intolerante con una perspectiva que capta el mundo espiritualmente que el materialismo confeso del siglo pasado. Pero engaña a muchos que piensan que tienen derecho a rechazar una visión del mundo que tenga en cuenta el espíritu sobre la base de que la visión científica "ha abandonado hace mucho tiempo el materialismo".

PROPÓSITO MUNDIAL Y PROPÓSITO DE VIDA

Entre las múltiples corrientes en la vida espiritual de la humanidad, hay una a seguir que puede describirse como la superación del concepto de propósito en esferas a las que no pertenece. *El propósito* es un tipo especial de secuencia de fenómenos. El verdadero propósito realmente existe solo si, en contraste con la relación de causa y efecto donde el evento anterior determina el posterior, lo contrario es el caso y el evento posterior influye en el anterior. Para empezar, esto sucede solo en el caso de las acciones humanas. Uno realiza una acción de la cual previamente ha hecho una imagen mental, y uno permite que esta imagen mental determine la acción de uno. Así, el *último* (el hecho) influye en el *anterior* (el hacedor) con la ayuda de la imagen mental. Para que haya una conexión intencional, este desvío a través de la imagen mental es absolutamente necesario.

En un proceso que se descompone en causa y efecto, debemos distinguir la percepción del concepto. La percepción de la causa precede a la percepción del efecto; La causa y el efecto simplemente permanecerían uno al lado del otro en nuestra conciencia, si no fuéramos capaces de conectarlos entre sí a través de sus conceptos correspondientes. La percepción del efecto siempre debe seguir a la percepción de la causa. Si el efecto ha de tener una influencia real sobre la causa, sólo puede hacerlo por medio del factor conceptual. Porque el factor perceptivo del efecto simplemente no existe antes del factor perceptivo de la causa. Cualquiera que declare que la flor es el propósito de la raíz, es decir, que la primera influye en la segunda, puede hacerlo solo con respecto al factor en la flor que se establece en ella por su pensamiento. El factor perceptual de la flor aún no existe en el momento en que se origina la raíz.

Para que exista una conexión intencional, no solo es necesario tener una conexión ideal, determinada por la ley, entre lo posterior y lo anterior, sino que el concepto (ley) del efecto debe influir *realmente* en la causa, es decir, por medio de un proceso perceptible. Una influencia perceptible de un concepto sobre otra cosa, sin embargo, debe observarse sólo en las acciones humanas. Por lo tanto, esta es la única esfera en la que el concepto de propósito es aplicable.

La conciencia ingenua, que considera real sólo lo que es perceptible, intenta, como hemos señalado repetidamente, introducir elementos perceptibles donde sólo se encuentran elementos ideales. En el curso perceptible de los acontecimientos, busca conexiones perceptibles o, al no encontrarlas, simplemente las *inventa*. El concepto de propósito, válido para acciones subjetivas, es un elemento muy adecuado para tales conexiones inventadas. El hombre ingenuo sabe cómo provoca un evento y de esto concluye que la naturaleza lo hará de la misma manera. En las conexiones de la naturaleza que son puramente ideales, encuentra no sólo fuerzas invisibles sino también propósitos reales invisibles. El hombre hace sus herramientas de acuerdo con sus propósitos; el realista ingenuo haría que el Creador construyera organismos con la misma fórmula. Sólo muy gradualmente este concepto erróneo de propósito está desapareciendo de las ciencias. En filosofía, incluso hoy en día, todavía hace una gran cantidad de daño. Aquí la gente todavía pregunta por el propósito extra-mundano del mundo, el orden extrahumano del destino del hombre (y en consecuencia también su propósito), y así sucesivamente.

El monismo rechaza el concepto de propósito en todas las esferas, con la única excepción de la acción humana. Busca las leyes de la naturaleza, pero no los propósitos de la naturaleza. *Los propósitos de* la naturaleza son suposiciones arbitrarias no menos que fuerzas imperceptibles (véase el capítulo 7). Pero incluso los propósitos de la vida no establecidos por el hombre mismo son suposiciones injustificadas desde el punto de vista del monismo. Nada tiene propósito excepto lo que el hombre ha hecho primero, porque el propósito surge solo a través de la realización de una idea. En un sentido realista, una idea sólo puede llegar a ser eficaz en el hombre. Por lo tanto, la vida humana sólo puede tener el propósito y el orden del destino que el hombre le da. A la pregunta: ¿Cuál es la tarea del hombre en la vida? puede haber para el monismo pero una respuesta: la tarea que se propone. Mi misión en el mundo no está predeterminada, sino que es en cada momento la que elijo para mí. No empiezo mi viaje por la vida con órdenes de marcha fijas.

Las ideas son realizadas a propósito sólo por los seres humanos. En consecuencia, no es permisible hablar de la encarnación de ideas por la historia. Todas frases como "la historia es la evolución de la humanidad hacia la libertad", o "... la realización del orden moral mundial", y así sucesivamente, son, desde un punto de vista monista, insostenibles.

Los partidarios del concepto de propósito creen que, al entregarlo, también tendrían que renunciar a todo orden y uniformidad en el mundo. Escuchemos, por ejemplo, a Robert Hamerling:

Mientras haya *instintos* en la naturaleza, es una locura negar *los propósitos* en ella.

Así como la formación de un miembro del cuerpo humano no está determinada y condicionada por una idea de este miembro, flotando en el aire, sino por su conexión con el todo mayor, el cuerpo al que pertenece el miembro, así la formación de cada objeto natural ya sea planta, animal u hombre, no está determinada y condicionada por una idea de él flotando en el aire, sino por el principio formativo de la totalidad de la naturaleza que se despliega y se organiza de una manera decidida.

Y en la página 191 del mismo volumen leemos:

La teoría del propósito sostiene sólo que, *a pesar* de las mil incomodidades y angustias de esta vida mortal, hay un alto grado de propósito y plan inequívocamente presente en las formaciones y desarrollos de la naturaleza, un grado de plan y propósito, sin embargo, que se realiza sólo dentro de los límites de la ley natural, y que no apunta a un paraíso de tontos donde la vida no se enfrenta a la muerte. crecimiento sin decaimiento, con todas sus etapas intermedias más o menos desagradables pero bastante inevitables.

Cuando los oponentes del concepto de propósito establecen un montón de basura laboriosamente recogido de inadaptaciones parciales o completas, imaginarias o reales contra todo un mundo de milagros con propósito, como las exhibiciones de la naturaleza en todos sus dominios, entonces considero esto igual de pintoresco...

¿Qué se entiende aquí por propósito? La coherencia de los perceptos para formar un todo. Pero dado que detrás de todos los perceptos hay leyes (ideas) que descubrimos a través de nuestro pensamiento, se deduce que la coherencia sistemática de las partes de un todo perceptual es simplemente la coherencia ideal de las partes de un todo ideal contenidas en este todo perceptual. Decir que un animal o un hombre no está determinado por una *idea que flota en el aire* es una forma engañosa de decirlo, y el punto de vista que está menospreciando pierde automáticamente su absurdo tan pronto como se corrige la expresión. Un animal ciertamente no está determinado por una idea que flota en el aire, pero definitivamente está determinado por una idea innata en él y que constituye la ley de su ser. Es sólo porque la idea no es externa al objeto, sino que trabaja dentro de él como su propia esencia, que no podemos hablar de propósito. Es sólo la persona que niega que los seres naturales están determinados desde fuera (y no importa, en este contexto, si es por una idea flotando en el aire o existiendo fuera de la criatura en la mente de un creador del mundo) quien debe admitir que tales seres no están determinados por el propósito y el plan desde fuera. sino por causa y ley desde dentro. Construyo una máquina a propósito si conecto sus partes entre sí de una manera que no se da en la naturaleza. El propósito de la disposición consiste precisamente en esto, que yo incorporo el principio de funcionamiento de la máquina, como su idea, en la máquina misma. La máquina se convierte así en un objeto de percepción con la idea correspondiente a ella. Los objetos naturales también son entidades de este tipo. Quienquiera que llame a una cosa con propósito simplemente porque está formada de acuerdo con una ley, puede, si lo desea, aplicar el mismo término a los objetos de la naturaleza. Pero no debe confundir este tipo de legalidad con la de la acción humana subjetiva. Para que exista un propósito, es absolutamente necesario que la causa efectiva sea un concepto, de hecho, el concepto del efecto. Pero en la naturaleza no podemos señalar en ninguna parte los conceptos que actúan como causas; El concepto invariablemente resulta ser nada más que el vínculo ideal que conecta causa y efecto. Las causas están presentes en la naturaleza sólo en forma de percepciones.

El dualismo puede hablar de propósitos mundiales y propósitos naturales. Dondequiera que haya una vinculación sistemática de causa y efecto para nuestra percepción, el dualista puede suponer que sólo vemos la copia al carbón de una conexión en la que el Ser cósmico absoluto ha realizado sus propósitos. Para el monismo, con el rechazo de un Ser cósmico absoluto, nunca experimentado, sino solo inferido hipotéticamente, todo terreno para asumir propósitos en el mundo y en la naturaleza también se desvanece.

Adición del autor, 1918

Nadie que haya seguido el argumento anterior con una mente abierta podrá concluir que el autor, al rechazar el concepto de propósito para los hechos extrahumanos, se pone del lado de aquellos pensadores que, al rechazar este concepto, se permiten considerar todo lo que está fuera de la acción humana, y por lo tanto la acción humana misma, como no más que un proceso natural. Debe ser protegido de esto por el hecho de que en este libro el proceso de pensamiento se presenta como puramente espiritual. Si aquí el concepto de propósito es rechazado incluso para el mundo *espiritual*, que se encuentra fuera de la acción humana, es porque algo se revela en ese mundo que es *más alto* que el tipo de propósito realizado en el reino humano. Y cuando decimos que el pensamiento de un destino con propósito para la raza humana, modelado sobre el propósito humano, es erróneo, queremos decir que el individuo se da propósitos, y que el resultado del funcionamiento de la humanidad en su conjunto se compone de estos. Este resultado es entonces algo *más elevado* que sus partes componentes, los propósitos de los hombres.

IMAGINACIÓN MORAL

Un *espíritu libre* actúa de acuerdo con sus impulsos, es decir, de acuerdo con intuiciones seleccionadas de la totalidad de su mundo de ideas por el pensamiento. Para un *espíritu no libre*, la razón por la que selecciona una intuición particular de su mundo de ideas para convertirla en la base de una acción radica en el mundo de las percepciones que se le dan, es decir, en sus experiencias pasadas. Él recuerda, antes de llegar a una decisión, lo que alguien más ha hecho o recomendado como adecuado en un caso comparable, o lo que Dios ha ordenado que se haga en tal caso, y así sucesivamente, y actúa en consecuencia. Para un espíritu libre, estas condiciones previas no son los únicos impulsos a la acción. Él toma una decisión completamente *de primera mano*. Lo que otros han hecho en tal caso le preocupa tan poco como lo que han decretado. Tiene razones puramente ideales que lo llevan a seleccionar de la suma de sus conceptos solo uno en particular, y luego traducirlo en acción. Pero su acción pertenecerá a la realidad perceptible. Lo que logre será idéntico a un contenido bastante definido de percepción. El concepto tendrá que realizarse en una sola ocurrencia concreta. Como concepto, no podrá contener este evento en particular. Se referirá al evento solo de la misma manera que un concepto está en general relacionado con una percepción, por ejemplo, el concepto del león a un león en particular. El vínculo entre concepto y percepción es la *imagen mental* (véase el capítulo 6). Para el espíritu no libre, este vínculo se da desde el principio. Los motivos están presentes en su conciencia desde el principio en forma de imágenes mentales. Siempre que hay algo que quiere llevar a cabo, lo hace como lo ha visto hecho, o como se le ha dicho que lo haga en el caso particular. Por lo tanto, la autoridad funciona mejor a través de *ejemplos*, es decir, proporcionando acciones particulares bastante definidas para la conciencia del espíritu no libre. Un cristiano actúa no tanto de acuerdo con la enseñanza como de acuerdo con el *ejemplo* del Salvador. Las reglas tienen menos valor para actuar positivamente que para abstenerse de ciertas acciones. Las leyes adoptan la forma de conceptos generales sólo cuando prohíben las acciones, pero no cuando las prescriben. Las leyes concernientes a lo que debe hacer deben ser dadas al espíritu no libre en una forma bastante concreta: ¡Limpia la calle frente a tu puerta! ¡Pague sus impuestos, que ascienden a la suma aquí dada, a la Oficina de Impuestos en X! y así sucesivamente. La forma conceptual pertenece a las leyes para inhibir las acciones: ¡No robarás! ¡No cometerás adulterio! Estas leyes, también, influyen en el espíritu no libre sólo por medio de una imagen mental concreta, por ejemplo, la del castigo secular apropiado, o los dolores de conciencia, o la condenación eterna, y así sucesivamente.

Siempre que el impulso para una acción esté presente en una forma conceptual general (por ejemplo, ¡Harás el bien a tus semejantes! ¡Vivirás para que promuevas mejor tu bienestar!) Luego, para cada caso particular, primero se debe encontrar la imagen mental concreta de la acción (la relación del concepto con un contenido de percepción). Para el *espíritu libre* que no es impulsado por ningún ejemplo, ni miedo al castigo o similares, esta traducción del concepto en una imagen mental es siempre necesaria.

El hombre produce imágenes mentales concretas a partir de la suma de sus ideas principalmente por medio de la imaginación. Por lo tanto, lo que el espíritu libre necesita para realizar sus ideas, para ser eficaz, es *imaginación moral*. Esta es la fuente de la acción del espíritu libre. Por lo tanto, sólo los hombres con imaginación moral son, estrictamente hablando, moralmente productivos. Aquellos que simplemente predican la moralidad, es decir, las personas que simplemente elaboran reglas morales sin poder condensarlas en imágenes mentales concretas son moralmente improductivos. Son como esos críticos que pueden explicar de manera muy inteligible cómo debería ser una obra de arte, pero que son ellos mismos incapaces de realizar el más mínimo esfuerzo productivo.

La imaginación moral, para realizar su imagen mental, debe ponerse a trabajar en una esfera definida de percepciones. La acción humana no crea perceptos, sino que transforma los perceptos ya existentes y les da una nueva forma. Para poder transformar un objeto definido de percepción, o una suma de tales objetos, de acuerdo con una imagen mental moral, uno debe haber captado el principio que funciona dentro de la imagen perceptiva, es decir, la forma en que ha funcionado hasta ahora, a la que uno quiere dar una nueva forma o dirección. Además, es necesario descubrir el procedimiento por el cual es posible cambiar el principio dado en uno nuevo. Esta parte de la actividad moral efectiva depende del conocimiento del mundo particular de los fenómenos que nos conciernen. Por lo tanto, lo buscaremos en alguna rama del aprendizaje en general. La acción moral, entonces, presupone, además de la facultad de tener ideas morales (intuición moral) e imaginación moral, la capacidad de transformar el mundo de los perceptos sin violar las leyes naturales por las cuales estos están conectados. Esta habilidad es *técnica moral*. Se puede aprender en el mismo sentido en que se puede aprender cualquier tipo de conocimiento. En términos generales, los hombres son más capaces de encontrar conceptos para el mundo existente que de evolucionar productivamente, fuera de su imaginación, las acciones aún no existentes del futuro. Por lo tanto, es perfectamente posible que los hombres sin imaginación moral reciban tales imágenes mentales de otros y las encarnen hábilmente en el mundo real. Por el contrario, puede suceder que los hombres con imaginación moral carezcan de habilidad técnica, y deban hacer uso de otros hombres para la realización de sus imágenes mentales.

En la medida en que el conocimiento de los objetos dentro de nuestra esfera de acción es necesario para actuar moralmente, nuestra acción depende de tal conocimiento. Lo que nos interesa aquí son *las leyes de la naturaleza*. Estamos tratando con las ciencias naturales, no con la ética.

La imaginación moral y la facultad de tener ideas morales pueden convertirse en objetos de conocimiento sólo *después* de haber sido producidas por el individuo. Para entonces, sin embargo, ya no regulan la vida, porque ya la han regulado. Ahora deben considerarse como causas efectivas, como todas las demás (son propósitos solo para el sujeto). Por lo tanto, tratamos con ellos como con una *historia natural de las ideas morales*.

La ética como ciencia que establece estándares, además de esto, no puede existir.

Algunas personas han querido mantener el carácter normativo de las leyes morales, al menos en la medida en que han entendido la ética en el sentido de dietética, que deduce reglas generales de los requisitos del organismo en la vida como base para influir en el cuerpo de una manera particular (por ejemplo, Paulsen, en su *System der Ethik*). Esta comparación es falsa, porque nuestra vida moral no es comparable con la vida del organismo. El funcionamiento del organismo ocurre sin ninguna acción de nuestra parte; Nos encontramos con sus leyes en el mundo ya hechas y, por lo tanto, podemos buscarlas y aplicarlas cuando las encontremos. Las leyes morales, por otro lado, son creadas primero por nosotros. No podemos aplicarlos hasta que los hayamos creado. El error surge por el hecho de que, en cuanto a su contenido, las leyes morales no son de nueva creación en todo momento, sino que se heredan. Los que hemos tomado de nuestros antepasados parecen estar dados, como las leyes naturales del organismo. Pero una generación posterior ciertamente no estará justificada para aplicarlas como si fueran reglas dietéticas. Porque se aplican a individuos y no, como lo hacen las leyes naturales, a especímenes de tipo general. Considerado como un organismo, soy un espécimen genérico y viviré de acuerdo con la naturaleza si aplico las leyes naturales de mi tipo general a mi caso particular; como ser moral, soy un individuo y tengo leyes propias.

Este punto de vista parece contradecir la doctrina fundamental de la ciencia natural moderna conocida como la *teoría de la evolución*. Pero sólo *parece* hacerlo. Se entiende por evolución el desarrollo *real* de lo posterior a partir de lo anterior de acuerdo con la ley natural. En el mundo orgánico, se entiende que la evolución significa que las formas orgánicas posteriores (más perfectas) son descendientes reales de las formas anteriores (imperfectas), y se han desarrollado a partir de ellas de acuerdo con las leyes naturales. Los partidarios de la teoría de la evolución orgánica deberían realmente imaginarse a sí mismos que hubo una vez en nuestra tierra cuando un ser podría haber seguido con sus propios ojos el desarrollo gradual de reptiles a partir de proto-amniotas, si hubiera podido estar allí en ese momento como observador, dotado de un período de vida suficientemente largo. De manera similar, los evolucionistas deberían imaginarse a sí mismos que un ser podría haber observado el desarrollo del sistema solar a partir de la nebulosa primordial de Kant-Laplace, si hubiera podido permanecer en un lugar adecuado en el éter del mundo cósmico durante ese tiempo infinitamente largo. Que con tales imágenes mentales, la naturaleza tanto de los proto-amniotas como de la nebulosa cósmica de Kant-Laplace tendría que ser pensada *de manera diferente* a la forma en que lo hacen los pensadores materialistas, es aquí irrelevante. Pero ningún evolucionista debería jamás soñar con sostener que podría sacar el concepto del reptil, con todas sus características, de su concepto del animal proto-amniótico, si nunca hubiera visto un reptil. Tan poco sería posible derivar el sistema solar del concepto de la nebulosa de Kant-Laplace, si se piensa que este concepto de nebulosa primordial está directamente determinado solo por la percepción de la nebulosa primordial. En otras palabras, si el evolucionista ha de pensar consistentemente, está obligado a sostener que las fases posteriores de la evolución en realidad resultan de las anteriores, y que una vez que se nos ha dado el concepto de lo imperfecto *y* el de lo perfecto, podemos ver la conexión; pero de ninguna manera debe estar de acuerdo en que el concepto alcanzado de lo anterior es, en sí mismo, suficiente para evolucionar lo posterior fuera de ella. De esto se deduce para la ética que, aunque ciertamente podemos ver la conexión entre los conceptos morales posteriores y los anteriores, no podemos obtener ni una sola idea moral nueva de los anteriores. Como ser moral, el individuo produce su propio contenido. Para el estudiante de ética, el contenido así producido es tanto una cosa dada como los reptiles son una cosa dada para el científico. Los reptiles se han desarrollado a partir de proto-amniotas, pero el científico no puede sacar el concepto de reptiles del concepto de proto-amniotas. Las ideas morales posteriores evolucionan a partir de la anterior, pero el estudiante de ética no puede obtener los conceptos morales de una civilización posterior de los de una anterior. La confusión surge porque, como científicos, comenzamos con los hechos que tenemos ante nosotros, y luego los conocemos, mientras que en la acción moral nosotros mismos primero creamos los hechos que luego llegamos a conocer. En el proceso de evolución del orden moral mundial logramos algo que, en un nivel inferior, es logrado por la naturaleza: alteramos algo perceptible. Por lo tanto, el estándar ético no puede comenzar, como una ley de la naturaleza, siendo conocido, sino solo siendo creado. Sólo cuando está allí, puede convertirse en un objeto de conocimiento.

Pero ¿no podemos entonces hacer de lo viejo una medida para lo nuevo? ¿No está todo hombre obligado a medir los productos de su imaginación moral según el estándar de las doctrinas morales tradicionales? Para algo que debería revelarse como moralmente productivo, esto sería tan absurdo como querer medir una nueva forma en la naturaleza por una vieja y decir que, debido a que los reptiles no se ajustan a los proto-amniotas, son una forma (patológica) injustificable.

El individualismo ético, entonces, no está en oposición a una teoría de la evolución correctamente entendida, sino que se deriva directamente de ella. El árbol genealógico de Haeckel, desde los protozoos hasta el hombre como ser orgánico, debería ser capaz de continuar sin una interrupción de la ley natural y sin una ruptura en la uniformidad de la evolución, hasta el individuo como un ser que es moral en un sentido definido. Pero en ningún caso podía deducirse la naturaleza de una especie descendiente de la naturaleza de una especie ancestral. Por muy cierto que sea que las ideas morales del individuo se han desarrollado perceptiblemente a partir de las de sus antepasados, es igualmente cierto que el individuo es moralmente estéril a menos que tenga ideas morales propias.

El mismo individualismo ético que he desarrollado sobre la base de puntos de vista ya dados también podría derivarse de la teoría de la evolución. La condena final sería la misma; Sólo el camino por el cual se llegó sería diferente.

La aparición de ideas morales completamente nuevas a través de la imaginación moral no es, para la teoría de la evolución, más milagrosa que el desarrollo de una nueva especie animal a partir de una vieja; Sólo que, como visión monista del mundo, esta teoría debe rechazar, tanto en la moralidad como en la ciencia, toda influencia trascendental (metafísica), toda influencia que simplemente se infiere y no se puede experimentar idealmente. Al hacerlo, la teoría sigue el mismo principio que la guía cuando busca las causas de nuevas formas orgánicas sin invocar la interferencia de un Ser extra mundano que produce cada nueva especie, de acuerdo con un nuevo pensamiento creativo, por influencia sobrenatural. Así como el monismo no tiene ningún uso para los pensamientos creativos sobrenaturales en la explicación de los organismos vivos, así es igualmente imposible para él derivar el orden moral del mundo de causas que no se encuentran dentro del mundo experimentable. No puede admitir que la naturaleza moral de la voluntad se explica completamente por ser rastreada hasta una continua influencia sobrenatural sobre la vida moral (gobierno divino del mundo desde el exterior), o a un acto de revelación en un momento particular de la historia (entrega de los diez mandamientos), o a la aparición de Dios en la tierra (como Cristo). Lo que le sucede al hombre, y en el hombre, a través de todo esto, se convierte en un elemento moral sólo cuando, en la experiencia humana, se convierte en propio de un individuo. Para el monismo, los procesos morales son productos del mundo como todo lo demás que existe, y sus causas deben buscarse en el mundo, es decir, en el hombre, ya que el hombre es el portador de la moralidad.

El individualismo ético, entonces, es la característica culminante del edificio que Darwin y Haeckel se han esforzado por construir para las ciencias naturales. Es una teoría espiritualizada de la evolución llevada a la vida moral.

Cualquiera que, de una manera estrecha de miras, restrinja el concepto de *lo natural* desde el principio a una esfera arbitrariamente limitada puede concluir fácilmente que no hay lugar en ella para la acción individual libre. El evolucionista consecuente no puede caer presa de tal estrechez de miras. No puede permitir que el curso natural de la evolución termine con el simio, y permitir que el hombre tenga un origen "sobrenatural"; En su misma búsqueda de los progenitores naturales del hombre, está obligado a buscar el espíritu en la naturaleza; Una vez más, no puede detenerse en las funciones orgánicas del hombre, y tomar sólo éstas como naturales, sino que debe pasar a considerar la vida moral libre como la continuación espiritual de la vida orgánica.

Si ha de atenerse a sus principios fundamentales, el evolucionista sólo puede afirmar que la forma actual de acción moral evoluciona a partir de otras formas de actividad en el mundo; La caracterización de una acción, es decir, si es *libre*, debe dejarla a la *observación inmediata* de la acción. De hecho, sólo sostiene que los hombres se han desarrollado a partir de ancestros que aún no eran humanos. Cómo son realmente los hombres debe ser determinado por la observación de los hombres mismos.

Los resultados de esta observación no pueden contradecir la historia de la evolución correctamente entendida. Sólo la afirmación de que los resultados son tales como para excluir un ordenamiento natural del mundo contradiría las tendencias recientes en las ciencias naturales.

El individualismo ético no tiene nada que temer de una ciencia natural que se comprende a sí misma: porque la observación muestra que la forma perfecta de la acción humana tiene la *libertad* como su cualidad característica. Esta libertad debe ser permitida a la voluntad humana, en la medida en que la voluntad realiza intuiciones puramente ideales. Porque estas intuiciones no son el resultado de una necesidad que actúa sobre ellas desde fuera, sino que se deben sólo a sí mismas. Si un hombre encuentra que una acción es la *imagen* de tal intuición ideal, entonces siente que es *libre*. En esta característica de una acción reside su libertad.

¿Qué vamos a decir, desde este punto de vista, acerca de la distinción mencionada anteriormente (ver Capítulo 1) entre las dos proposiciones, "Ser libre significa poder *hacer* lo que uno quiere" y, "Estar en libertad de desear o no desear es la verdadera proposición involucrada en el dogma del libre albedrío"? Hamerling basa su visión del libre albedrío precisamente en esta distinción, declarando que la primera afirmación es correcta, pero la segunda es una tautología absurda. Él dice: "Puedo *hacer* lo que quiera. Pero decir que puedo querer lo que quiera es una tautología vacía". Si soy capaz de hacer, es decir, de traducir en realidad, lo que quiero, es decir, lo que me he presentado a mí mismo como mi idea de acción, depende de las circunstancias externas y de mi habilidad técnica (ver arriba). Ser libre significa ser capaz por propia voluntad de determinar por imaginación moral aquellas imágenes mentales (motivos) que subyacen a la acción. La libertad es imposible si cualquier otra cosa que no sea yo mismo (proceso mecánico o simplemente inferido Dios extra mundano) determina mis ideas morales. En otras palabras, soy libre sólo cuando *yo mismo* produzco estas imágenes mentales, no cuando soy meramente capaz de llevar a cabo los motivos que otro ser ha implantado en mí. Un ser libre es aquel que puede querer lo que él mismo considera correcto. Quienquiera que haga otra cosa que no sea lo que quiere debe ser impulsado a ello por motivos que no están dentro de él. Tal hombre no es libre en su acción. Estar en libertad de querer lo que uno considera correcto o lo que uno considera incorrecto, significaría, por lo tanto, estar en libertad de ser libre o no libre. Esto es, por supuesto, tan absurdo como ver la libertad en la capacidad de hacer lo que uno está obligado a querer. Pero esto último es justo lo que Hamerling sostiene cuando dice: "Es perfectamente cierto que la voluntad siempre está determinada por motivos, pero es absurdo decir que por esta razón no es libre; porque no se puede desear ni concebir una libertad mayor que la libertad de realizarse a sí mismo en proporción a la propia fuerza y determinación". ¡De hecho puede! Ciertamente es posible desear una mayor libertad, y esta es por primera vez la verdadera: a saber, decidir por uno mismo los motivos de la propia voluntad.

Bajo ciertas condiciones, un hombre puede ser inducido a abandonar la ejecución de su voluntad. Permitir que otros le prescriban lo que *debe* hacer, en otras palabras, querer lo que otro, y no él mismo, considera correcto, a esto un hombre se someterá solo en la medida en que no se sienta *libre*.

Los poderes externos pueden impedirme hacer lo que quiero. Entonces simplemente me condenan a no hacer nada o a no ser libre. No es hasta que esclavicen mi espíritu, saquen mis motivos de mi cabeza y pongan sus propios motivos en el lugar de los míos, que realmente pretenden hacerme no libre. Por esta razón, la Iglesia se opone no sólo al mero *hacer*, sino especialmente a los *pensamientos impuros*, es decir, a los motivos de mi acción. La Iglesia me hace no libre si, para ella, todos esos motivos que ella misma no ha enunciado parecen impuros. Una Iglesia u otra comunidad produce falta de libertad cuando sus sacerdotes o maestros se convierten en guardianes de las conciencias, es decir, cuando los fieles están *obligados* a acudir a ellos (al confesionario) por los motivos de sus acciones.

Adición del autor, 1918

En estos capítulos sobre la voluntad humana he mostrado lo que el hombre puede experimentar en sus acciones para que, a través de esta experiencia, llegue a ser consciente: Mi voluntad es libre. Es particularmente significativo que el derecho a llamar libre a un acto de voluntad surja de la experiencia de que una intuición ideal se realiza en el acto de voluntad. Esta experiencia sólo *puede* ser el resultado de una observación, y es así, en el sentido de que observamos nuestra voluntad en un camino de desarrollo hacia la meta donde es posible que un acto de voluntad sea sostenido por una intuición puramente ideal. Este objetivo se puede alcanzar, porque en la intuición ideal nada más está trabajando sino su propia esencia autosuficiente. Cuando tal intuición está presente en la conciencia humana, entonces no se ha desarrollado a partir de los procesos del organismo, sino que la actividad orgánica se ha retirado para dar cabida a la actividad ideal (véase el capítulo 9). Cuando observo un acto de voluntad que es una imagen de una intuición, entonces de este acto de voluntad también se ha retirado toda actividad orgánicamente necesaria. El acto de voluntad es libre. Esta libertad de la voluntad no puede ser observada por nadie que sea incapaz de ver cómo el libre acto de voluntad consiste en el hecho de que, *en primer lugar*, a través del elemento intuitivo, la actividad que es necesaria para el organismo humano es controlada y reprimida, y *luego* reemplazada por la actividad espiritual de la voluntad llena de ideas. Sólo aquellos que no pueden hacer *esta* observación de la doble naturaleza de un acto libre de voluntad, creen que *todo* acto de voluntad no es libre. Aquellos que pueden hacer esta observación ganan a través del reconocimiento de que el hombre no es libre en la medida en que no puede completar el proceso de supresión de la actividad orgánica; pero que esta falta de libertad tiende hacia la libertad, y que esta libertad no es de ninguna manera un ideal abstracto, sino una fuerza directiva inherente a la naturaleza humana. El hombre es libre en la medida en que es capaz de realizar en sus actos de voluntad el mismo estado de ánimo del alma que vive en él cuando se da cuenta de la formación de intuiciones puramente ideales (espirituales).

EL VALOR DE LA VIDA

Una contrapartida a la pregunta concerniente al propósito de la vida, o el orden de su destino (ver Capítulo 11), es la pregunta concerniente a su valor. Nos reunimos aquí con dos puntos de vista mutuamente opuestos, y entre todos ellos concebibles intentos de compromiso. Un punto de vista dice que este mundo es el mejor que podría existir, y que vivir y actuar en él es una bendición de valor incalculable. Todo lo que existe muestra una cooperación armoniosa y decidida y es digno de admiración. Incluso lo que aparentemente es malo y malo puede, desde un punto de vista más elevado, ser visto como bueno, porque representa un contraste agradable con el bien; Somos más capaces de apreciar el bien cuando se contrasta claramente con el mal. Además, el mal no es genuinamente real; Lo que sentimos como malo es sólo un grado menor de bien. El mal es la ausencia del bien; no tiene importancia en sí misma.

El otro punto de vista sostiene que la vida está llena de miseria y necesidad; En todas partes el dolor supera al placer, la tristeza supera a la alegría. La existencia es una carga, y la no existencia sería preferible en todas las circunstancias a la existencia.

Los principales representantes de la primera visión, el optimismo, son Shaftesbury y Leibnitz; los de este último, el pesimismo, son Schopenhauer y Eduard von Hartmann.

Leibnitz cree que el mundo es el mejor de todos los mundos posibles. Una mejor es imposible. Porque Dios es bueno y sabio. Un Dios bueno *quiere* crear el mejor mundo posible; un Dios sabio *sabe* cuál es el mejor posible, Él es capaz de distinguir lo mejor de todos los demás peores posibles. Sólo un Dios malvado o imprudente sería capaz de crear un mundo peor que el mejor posible.

Quien parta de este punto de vista encontrará fácil establecer la dirección que debe seguir la acción humana para dar su contribución al mayor bien del mundo. Todo lo que el hombre necesita hacer es averiguar los consejos de Dios y comportarse de acuerdo con ellos. Si sabe cuáles son las intenciones de Dios con respecto al mundo y a la humanidad, podrá hacer lo correcto. Y estará feliz en la sensación de que está agregando su parte al otro bien en el mundo. Desde este punto de vista optimista, entonces, vale la pena vivir la vida. Debe estimularnos a la participación cooperativa.

Schopenhauer imagina las cosas de manera muy diferente. Él piensa en la fundación del mundo no como un ser omnisciente y todo benéfico, sino como un impulso o voluntad ciega. El esfuerzo eterno, el anhelo incesante de satisfacción que está siempre fuera de su alcance, esta es la característica fundamental de toda voluntad activa. Porque tan pronto como se alcanza una meta, surge una nueva necesidad, y así sucesivamente. La satisfacción, cuando ocurre, dura sólo por un tiempo infinitesimal. Todo el contenido restante de nuestra vida es el deseo insatisfecho, es decir, la insatisfacción y el sufrimiento. Si al final el deseo ciego se apaga, entonces todo el contenido se ha ido de nuestras vidas; Un aburrimiento infinito impregna nuestra existencia. Por lo tanto, lo mejor que podemos hacer es sofocar todos los deseos y necesidades dentro de nosotros y exterminar la voluntad. El pesimismo de Schopenhauer conduce a la inactividad completa; Su objetivo moral es *la ociosidad universal*.

Con un argumento muy diferente, von Hartmann intenta establecer el pesimismo y hacer uso de él para la ética. Intenta, de acuerdo con una tendencia favorita de nuestros tiempos, basar su visión del mundo en la *experiencia*. A partir de la *observación* de la vida, espera descubrir si el placer o el dolor superan al otro en el mundo. Él exhibe todo lo que parece a los hombres como bendición y fortuna ante el tribunal de la razón, para mostrar que toda supuesta satisfacción resulta ser una ilusión en una inspección más cercana. Es ilusorio cuando creemos que en la salud, la juventud, la libertad, los ingresos suficientes, el amor (satisfacción sexual), la piedad, la amistad y la vida familiar, el respeto propio, el honor, la fama, el poder, la edificación religiosa, la búsqueda de la ciencia y del arte, la esperanza de una vida en el más allá, la participación en el progreso de la civilización, que en todo esto tenemos fuentes de felicidad y satisfacción. Considerado sobriamente, cada disfrute trae mucho más mal y miseria al mundo que el placer. *Lo desagradable de la resaca es siempre mayor que la amabilidad de emborracharse.* El dolor supera con creces el placer en el mundo. Ningún hombre, aunque sea relativamente el más feliz, desearía, si se le preguntara, vivir esta vida miserable por segunda vez. Ahora, dado que Hartmann no niega la presencia de un factor ideal (sabiduría) en el mundo, sino que le da la misma posición con el impulso ciego (voluntad), puede acreditar a su Ser primordial con la creación del mundo solo si permite que el dolor en el mundo sirva a un sabio propósito mundial. El dolor de los seres creados no es, sin embargo, más que el dolor mismo de Dios, porque la vida del mundo en su conjunto es idéntica a la vida de Dios. Un Ser omnisciente puede, sin embargo, ver su meta sólo en la liberación del sufrimiento, y, puesto que toda existencia es sufrimiento, en la liberación de la existencia. Transformar la existencia en el estado mucho mejor de la no existencia es el propósito de toda la creación. El curso del mundo es una batalla continua contra el dolor de Dios, que termina finalmente con la aniquilación de toda existencia. La vida moral de los hombres, por lo tanto, consistirá en participar en la aniquilación de la existencia. Dios ha creado el mundo para que a través de él pueda liberarse de su dolor infinito. El mundo "debe ser considerado, más o menos, como una erupción de picazón sobre el Absoluto", por medio de la cual el poder curativo inconsciente del Absoluto se libra de una enfermedad interna, "o incluso como una dolorosa cataplasma que el Todo Uno se aplica a sí mismo para desviar primero el dolor interno hacia afuera, y luego deshacerse de él por completo". Los seres humanos son partes integrales del mundo. En ellos Dios sufre. Él los ha creado para dispersar Su dolor infinito. El dolor que cada uno de nosotros sufre no es más que una gota en el océano infinito del dolor de Dios.

El hombre tiene que impregnar todo su ser con el reconocimiento de que la búsqueda de la satisfacción individual (egoísmo) es una locura, y que debe guiarse únicamente por la tarea de dedicarse a la redención de Dios mediante la devoción desinteresada al progreso del mundo. Así, en contraste con el de Schopenhauer, el pesimismo de von Hartmann nos lleva a una actividad dedicada a una tarea sublime.

Pero ¿se basa realmente en la experiencia?

Luchar por la satisfacción significa que nuestra actividad va más allá del contenido real de nuestras vidas. Una criatura tiene hambre, es decir, se esfuerza por plenitud, cuando sus funciones orgánicas, si han de continuar, exigen el suministro de nuevos medios de vida en forma de alimento. La lucha por el honor significa que un hombre sólo considera valioso lo que personalmente hace o deja sin hacer cuando su actividad es aprobada por otros. El esfuerzo por el conocimiento surge cuando un hombre encuentra que algo falta en el mundo que ve, oye, etc., mientras no lo haya entendido. El cumplimiento del esfuerzo crea placer en el individuo que se esfuerza, el fracaso crea dolor. Es importante aquí observar que el placer y el dolor dependen sólo de la realización o no realización de mi esfuerzo. El esfuerzo en sí mismo de ninguna manera puede ser contado como dolor. Por lo tanto, si sucede que en el mismo momento en que se cumple un esfuerzo surge un nuevo esfuerzo de inmediato, esto no es motivo para decir que, porque en todos los casos el disfrute da lugar a un deseo de su repetición o de un nuevo placer, mi placer ha dado a luz al dolor. Puedo hablar de dolor sólo cuando el deseo se topa con la imposibilidad de plenitud. Incluso cuando un disfrute que he tenido crea en mí el deseo de la experiencia de un placer mayor o más refinado, no puedo hablar de este deseo como un dolor creado por el placer anterior hasta que los medios para experimentar el placer mayor o más refinado me fallen. Sólo cuando el dolor aparece como una consecuencia natural del placer, como por ejemplo cuando el placer sexual de una mujer es seguido por el sufrimiento del parto y los cuidados de una familia, puedo encontrar en el disfrute al originador del dolor. Si el esfuerzo por sí mismo provocaba dolor, entonces cada reducción del esfuerzo tendría que ir acompañada de placer. Pero ocurre lo contrario. No tener esfuerzo en la vida de uno crea aburrimiento, y esto está conectado con el disgusto. Ahora bien, dado que puede pasar mucho tiempo antes de que el esfuerzo se encuentre con la plenitud, y dado que, en el intervalo, se contenta con la esperanza de la realización, debemos reconocer que el dolor no tiene nada que ver con el esfuerzo como tal, sino que depende únicamente del no cumplimiento del esfuerzo. Schopenhauer, entonces, es en cualquier caso erróneo al tomar el deseo o el esfuerzo (voluntad) como la fuente del dolor en sí mismo.

De hecho, todo lo contrario es correcto. Esforzarse (desear) en sí mismo da placer. ¿Quién no conoce el disfrute que da la esperanza de una meta remota pero intensamente deseada? Esta alegría es la compañera de todo trabajo que nos da sus frutos sólo en el futuro. Es un placer totalmente independiente del logro de la meta. Porque cuando se ha alcanzado la meta, el placer de la realización se agrega como algo nuevo al placer de esforzarse. Si alguien argumentara que el dolor causado por un objetivo insatisfecho se incrementa por el dolor de la esperanza decepcionada, y que así, al final, el dolor de la no realización eventualmente superará el posible placer de la realización, tendremos que responder que lo contrario puede ser el caso, y que el recuerdo del disfrute pasado en un momento de deseo insatisfecho con la misma frecuencia mitigará el dolor de la no satisfacción. Quienquiera que exclame ante las esperanzas destrozadas: "He hecho mi parte", es una prueba de esta afirmación. La dichosa sensación de haber hecho lo mejor que uno es pasado por alto por aquellos que dicen de cada deseo insatisfecho que no sólo está ausente la alegría de la plenitud, sino que el disfrute del deseo mismo ha sido destruido.

El cumplimiento de un deseo trae placer y su no

cumplimiento trae dolor. Pero de esto no debemos concluir que el placer es la satisfacción de un deseo, y el dolor su insatisfacción. Tanto el placer como el dolor pueden ser experimentados sin ser la consecuencia del deseo. La enfermedad es dolor no precedido por el deseo. Si alguien sostuviera que la enfermedad es un deseo insatisfecho de salud, estaría cometiendo el error de considerar el deseo inconsciente de no enfermar, que todos damos por sentado, como un deseo positivo. Cuando alguien recibe un legado de un pariente rico de cuya existencia no tenía la menor idea, esto lo llena de placer sin ningún deseo previo.

Por lo tanto, si nos proponemos investigar si el equilibrio está del lado del placer o del dolor, debemos tener en cuenta el placer de desear, el placer de cumplir un deseo y el placer que nos llega sin ningún esfuerzo. En el otro lado de la cuenta tendremos que entrar en el disgusto del aburrimiento, el dolor del esfuerzo insatisfecho y, por último, el dolor que nos llega sin ningún deseo de nuestra parte. Bajo este último epígrafe tendremos que poner también el disgusto causado por el trabajo, no elegido por nosotros mismos, que se nos ha impuesto.

Esto lleva a la pregunta: ¿Cuál es el método correcto para lograr el equilibrio *entre* estas columnas de *crédito* y *débito*? Eduard von Hartmann cree que es la razón la que sostiene la balanza. Es cierto que dice: "El dolor y el placer *existen* sólo en la medida en que realmente se *sienten*". [2] De ello se deduce que no puede haber otro criterio para el placer que el subjetivo del sentimiento. Debo *sentir* si la suma de mis sentimientos desagradables junto con mis sentimientos agradables me deja con un equilibrio de placer o de dolor. Pero a pesar de todo eso, von Hartmann sostiene que, "aunque el valor de la vida de cada persona puede establecerse solo de acuerdo con su propia medida subjetiva, de ninguna manera se deduce que cada persona sea capaz de llegar a la suma algebraica correcta de todas las emociones recogidas en su vida, o, en otras palabras, que su *estimación total* de su propia vida, con respecto a sus experiencias subjetivas, sería correcta". Con esto, la *estimación racional* del sentimiento se convierte una vez más en el evaluador.

Cualquiera que siga bastante de cerca la línea de pensamiento de pensadores como Eduard von Hartmann puede creer que es necesario, para llegar a una valoración correcta de la vida, despejar del camino aquellos factores que falsifican nuestro *juicio* sobre el equilibrio del placer y el dolor. Él puede tratar de hacer esto de dos maneras. *En primer lugar*, mostrando que nuestro deseo (instinto, voluntad) interfiere con nuestra sobria estimación de los valores de sentimiento de una manera perturbadora. Mientras que, por ejemplo, deberíamos decirnos a nosotros mismos que el disfrute sexual es una fuente de maldad, estamos engañados por el hecho de que el instinto sexual es muy fuerte en nosotros para evocar la perspectiva de un placer que simplemente no existe en ese grado en absoluto. Queremos disfrutar; Por lo tanto, no admitimos para nosotros mismos que sufrimos bajo el disfrute. *En segundo lugar,* puede hacerlo sometiendo los sentimientos a un examen crítico e intentando demostrar que los objetos a los que se adhieren nuestros sentimientos se revelan como ilusiones a la luz de la razón, y que *son destruidos desde el momento en que nuestra inteligencia cada vez mayor ve a través de las ilusiones.*

Puede pensar en el asunto de la siguiente manera. Si un hombre ambicioso quiere determinar claramente si, hasta el momento de su investigación, ha habido un excedente de placer o de dolor en su vida, entonces tiene que liberarse de dos fuentes de error que pueden afectar su juicio. Siendo ambicioso, este rasgo fundamental de su carácter le hará ver las alegrías debidas al reconocimiento de sus logros a través de una lupa, y las humillaciones debidas a sus rechazos a través de una lupa decreciente. En el momento en que sufrió los rechazos, sintió las humillaciones solo porque era ambicioso; En el recuerdo se le aparecen bajo una luz más suave, mientras que las alegrías de reconocimiento a las que es tan susceptible dejan una impresión mucho más profunda. Ahora, para un hombre ambicioso es una bendición innegable que así sea. El engaño disminuye su dolor en el momento del autoanálisis. Sin embargo, su juicio es erróneo. Los sufrimientos sobre los cuales ahora se corre un velo fueron realmente experimentados por él en toda su intensidad, y por lo tanto los ingresa con una valoración errónea en el libro de cuentas de su vida. Para llegar a una estimación correcta, un hombre ambicioso tendría que dejar de lado su ambición para el momento de su investigación. Tendría que revisar su vida pasada sin gafas distorsionantes ante el ojo de su mente. De lo contrario, se parecería a un comerciante que, al hacer sus libros, ingresa entre los artículos del lado del crédito su propio celo en los negocios.

Pero el titular de este punto de vista puede ir aún más lejos. Puede decir: El hombre ambicioso incluso se dejará claro a sí mismo que el reconocimiento que persigue es algo inútil. Ya sea por sí mismo, o por la influencia de otros, llegará a ver que para un hombre inteligente el reconocimiento por parte de otros cuenta muy poco, viendo que "en todos estos asuntos, aparte de aquellos que son cuestiones de pura existencia o que ya están finalmente resueltos por la ciencia", uno puede estar bastante seguro "de que la mayoría está equivocada y la minoría tiene razón... Quien hace de la ambición la estrella de su vida pone la felicidad de su vida a merced de tal juicio". [4] Si el hombre ambicioso admite todo esto para sí mismo, entonces debe considerar como ilusión lo que su ambición había representado como realidad, y por lo tanto también los sentimientos asociados a estas ilusiones de su ambición. Sobre esta base, podría decirse que los sentimientos de placer producidos por la ilusión también deben eliminarse del balance de los valores de la vida; Lo que queda entonces representa la suma total de los placeres de la vida despojados de toda ilusión, y esto es tan pequeño en comparación con la suma total del dolor que la vida no es alegría y la no existencia preferible a la existencia. Pero si bien es inmediatamente evidente que el engaño producido por el instinto de ambición conduce a un resultado falso al encontrar el equilibrio del placer, debemos, sin embargo, cuestionar lo que se ha dicho sobre el reconocimiento del carácter ilusorio de los objetos de placer. La eliminación del lado del crédito de la vida de todos los sentimientos placenteros que acompañan a las ilusiones reales o supuestas falsificaría positivamente el equilibrio del placer y el dolor. Porque un hombre ambicioso ha disfrutado genuinamente de las aclamaciones de la multitud, independientemente de si posteriormente él mismo, o alguna otra persona, reconoce que esta aclamación es una ilusión. La agradable sensación que ha tenido no se ve disminuida en lo más mínimo por este reconocimiento. La eliminación de todos esos sentimientos "ilusorios" del equilibrio de la vida no hace que nuestro juicio sobre nuestros sentimientos sea más correcto, sino que borra los sentimientos de la vida que realmente estaban allí.

¿Y por qué deberían eliminarse estos sentimientos? Para quien los tiene, ciertamente son dadores de placer; para quien los ha conquistado, un placer puramente mental, pero no por ello menos significativo, surge a través de la experiencia de la auto conquista (no a través de la vana emoción: ¡Qué noble hombre soy! sino a través de las fuentes objetivas de placer que se encuentran en la auto conquista). Si sacamos los sentimientos del lado del placer de la balanza sobre la base de que están unidos a objetos que resultan haber sido ilusorios, hacemos que el valor de la vida dependa no de la cantidad sino de la calidad del placer, y esto, a su vez, del valor de los objetos que causan el placer. Pero si quiero determinar el valor de la vida en primer lugar por la cantidad de placer o dolor que trae, no puedo presuponer otra cosa que ya determiné el valor positivo o negativo del placer. Si digo que quiero comparar la cantidad de placer con la cantidad de dolor para ver cuál es mayor, estoy obligado a traer a mi cuenta todos los placeres y dolores en sus intensidades reales, ya sea que se basen en ilusiones o no. Quien atribuye un valor menor para la vida a un placer que se basa en una ilusión que a uno que puede justificarse ante el tribunal de la razón, hace que el valor de la vida dependa de factores distintos del placer.

Quien pone el placer como menos valioso cuando está unido a un objeto sin valor, se asemeja a un comerciante que ingresa las considerables ganancias de una fábrica de juguetes en su cuenta a una cuarta parte de su cantidad real sobre la base de que la fábrica no produce nada más que juguetes para niños.

Si el punto es simplemente sopesar la cantidad de placer contra la cantidad de dolor, entonces el carácter ilusorio de los objetos que causan ciertos sentimientos de placer debe dejarse fuera de discusión.

El método recomendado por von Hartmann, es decir, la consideración racional de las cantidades de placer y dolor producidas por la vida, nos ha llevado así al punto en que sabemos cómo debemos exponer nuestras cuentas, qué debemos poner en un lado de nuestro libro y qué en el otro. Pero ¿cómo se va a hacer el cálculo ahora? ¿Es la razón realmente capaz de encontrar el equilibrio?

Un comerciante ha cometido un error en su cálculo si su beneficio calculado no está de acuerdo con los resultados demostrables o las expectativas de su negocio. Del mismo modo, el filósofo sin duda habrá cometido un error en su estimación si no puede demostrar en el sentimiento real el excedente de placer, o dolor, que de alguna manera ha extraído de sus cuentas.

Por el momento no examinaré los cálculos de aquellos pesimistas cuya opinión del mundo se mide por la razón; Pero si uno va a decidir si continuar con el negocio de la vida o no, primero exigirá que se le muestre dónde se encuentra el supuesto excedente de dolor.

Aquí tocamos el punto en que la razón *no* está en condiciones de determinar por sí misma el excedente de placer o de dolor, sino donde debe demostrar este excedente como una percepción en la vida. Porque el hombre alcanza la realidad no sólo a través de conceptos, sino a través de la interpenetración de conceptos y percepciones (y los sentimientos son percepciones) que el pensamiento produce. Un comerciante, después de todo, renunciará a su negocio solo cuando las pérdidas calculadas por su contador sean confirmadas por los hechos. Si esto no sucede, hace que su contador vuelva a hacer el cálculo. Eso es exactamente lo que un hombre hará en el negocio de la vida. Si un filósofo quiere demostrarle que el dolor es mucho mayor que el placer, pero él mismo no siente que sea así, entonces responderá: "Te has extraviado en tu cálculo; Piénsalo todo de nuevo". Pero si llega un momento en un negocio en que las pérdidas son realmente tan grandes que el crédito de la empresa ya no es suficiente para satisfacer a los acreedores, entonces se producirá la bancarrota si el comerciante no se mantiene informado sobre el estado de sus asuntos mediante una contabilidad cuidadosa. Del mismo modo, si la cantidad de dolor en la vida de un hombre llegara a ser tan grande en algún momento que ninguna esperanza de placer futuro (crédito) pudiera ayudarlo a superar el dolor, entonces la bancarrota del negocio de la vida inevitablemente seguiría.

Ahora bien, el número de los que se suicidan es relativamente poco importante en comparación con la multitud de los que viven valientemente. Sólo muy pocos hombres abandonan el negocio de la vida debido al dolor involucrado. ¿Qué se deduce de esto? O bien que es falso decir que la cantidad de dolor es mayor que la cantidad de placer, o que no hacemos en absoluto que la continuación de la vida dependa de la cantidad de placer o dolor que se siente.

De una manera muy curiosa, el pesimismo de Eduard von Hartmann llega a la conclusión de que la vida no tiene valor porque contiene un excedente de dolor y, sin embargo, afirma la necesidad de continuar con él. Esta necesidad radica en el hecho de que el propósito mundial mencionado anteriormente sólo puede lograrse mediante el trabajo incesante y dedicado de los seres humanos. Pero mientras los hombres sigan persiguiendo sus antojos egoístas, no son aptos para tal trabajo desinteresado. No hasta que se hayan convencido a sí mismos a través de la experiencia y la razón de que los placeres de la vida perseguidos por el egoísmo no pueden ser alcanzados, se dedican a sus tareas apropiadas. De esta manera, se supone que la convicción pesimista es la fuente del altruismo. Una educación basada en el pesimismo debería exterminar el egoísmo haciéndole ver la desesperanza de su caso.

De acuerdo con este punto de vista, entonces, la lucha por el placer es inherente a la naturaleza humana desde el principio. Sólo cuando la realización se ve como imposible, este esfuerzo se retira en favor de tareas más elevadas para la humanidad. No se puede decir que el egoísmo sea superado en el verdadero sentido de la palabra por una concepción ética del mundo que espera una devoción a los objetivos desinteresados en la vida a través de la aceptación del pesimismo. Se dice que los ideales morales no son lo suficientemente fuertes como para dominar la voluntad hasta que el hombre haya aprendido que el esfuerzo egoísta por el placer no puede conducir a ninguna satisfacción. El hombre, cuyo egoísmo desea las uvas del placer, las encuentra amargas porque no puede alcanzarlas, por lo que les da la espalda y se dedica a una forma de vida desinteresada. Los ideales morales, entonces, según la opinión de los pesimistas, no son lo suficientemente fuertes como para superar el egoísmo; Pero establecen su dominio en el terreno previamente despejado para ellos por el reconocimiento de la desesperanza del egoísmo.

Si los hombres por naturaleza se esforzaran por alcanzar el placer pero no pudieran alcanzarlo, entonces la aniquilación de la existencia, y la salvación a través de la no existencia, sería la única meta racional. Y si uno sostiene la opinión de que el verdadero portador del dolor del mundo es Dios, entonces la tarea del hombre consistiría en lograr la salvación de Dios. A través del suicidio del individuo, la realización de este objetivo no avanza, sino que se obstaculiza. Racionalmente, Dios sólo puede haber creado a los hombres con el fin de lograr su salvación a través de sus acciones. De lo contrario, la creación no tendría propósito. Y son propósitos extrahumanos los que tal concepción del mundo tiene en mente. Cada uno de nosotros tiene que realizar su propia tarea particular en la obra general de salvación. Si se retira de la tarea por suicidio, entonces el trabajo que estaba destinado para él debe ser realizado por otro. Alguien más debe soportar el tormento de la existencia en su lugar. Y puesto que dentro de cada ser es Dios quien realmente soporta todo el dolor, el suicidio no disminuye en lo más mínimo la cantidad del dolor de Dios, sino que impone a Dios la dificultad adicional de proporcionar un sustituto.

Todo esto presupone que el placer es el criterio para el valor de la vida. Ahora la vida se manifiesta a través de una serie de deseos instintivos (necesidades). Si el valor de la vida dependiera de que produjera más placer que dolor, un instinto que trajera a su dueño un equilibrio de dolor tendría que llamarse sin valor. Por lo tanto, examinemos el instinto y el placer para ver si el primero puede ser medido por el segundo. Para no despertar la sospecha de que consideramos que la vida comienza sólo en el nivel de la "aristocracia del intelecto", comenzaremos con la necesidad "puramente animal", el hambre.

El hambre surge cuando nuestros órganos no pueden continuar su función adecuada sin un suministro fresco de alimentos. Lo que un hombre hambriento quiere en primer lugar es satisfacer su hambre. Tan pronto como el suministro de alimento ha llegado al punto en que cesa el hambre, todo lo que el instinto de comida anhela se ha alcanzado. El disfrute que viene con estar satisfecho consiste principalmente en poner fin al dolor causado por el hambre. Pero al mero instinto de comida se añade una necesidad adicional. Porque el hombre no sólo desea reparar la perturbación en el funcionamiento de sus órganos mediante el consumo de alimentos, o superar el dolor del hambre; Busca efectuar esto con el acompañamiento de sensaciones placenteras del gusto. Si siente hambre y está a media hora de una comida apetitosa, incluso puede rechazar una comida inferior, que podría satisfacerlo antes, para no estropear su apetito por la mejor comida por venir. Necesita hambre para disfrutar plenamente de su comida. Así, para él, el hambre se convierte al mismo tiempo en una causa de placer. Ahora bien, si toda el hambre existente en el mundo pudiera ser satisfecha, entonces tendríamos la cantidad total de disfrute atribuible a la presencia de la necesidad de alimento. A esto habría que añadir el placer especial que el gourmet logra cultivando su paladar más allá de la medida común.

Esta cantidad de placer alcanzaría el valor más alto concebible si no quedara insatisfecha ninguna necesidad de apuntar al tipo de disfrute en consideración, y si con el disfrute no tuviéramos que aceptar una cierta cantidad de dolor en el trato.

La ciencia moderna sostiene la opinión de que la naturaleza produce más vida de la que puede sostener, es decir, más hambre de la que es capaz de satisfacer. El excedente de vida así producido debe perecer en dolor en la lucha por la existencia. Es cierto que las necesidades de la vida en cada momento en el curso del mundo son mayores que los medios disponibles de satisfacción, y que el disfrute de la vida se ve afectado como resultado. Sin embargo, el disfrute que realmente se produce no se reduce en lo más mínimo. Dondequiera que se satisfaga un deseo, existe la cantidad correspondiente de placer, aunque en la criatura deseante misma o en sus semejantes haya muchos instintos insatisfechos. Lo que es, sin embargo, disminuido por todo esto es el *valor* del disfrute de la vida. Si sólo una parte de las necesidades de una criatura viviente encuentra satisfacción, experimenta un grado correspondiente de disfrute. Este placer tiene un valor menor, cuanto menor es en proporción a las demandas totales de la vida en el campo de los deseos en cuestión. Uno puede representar este valor por una fracción, de la cual el numerador es el placer realmente experimentado, mientras que el denominador es la suma total de las necesidades. Esta fracción tiene el valor 1 cuando el numerador y el denominador son iguales, es decir, cuando todas las necesidades están plenamente satisfechas. La fracción se vuelve mayor que 1 cuando una criatura experimenta más placer del que exigen sus deseos; y se vuelve más pequeño que 1 cuando la cantidad de placer cae por debajo de la suma total de los deseos. Pero la fracción nunca puede convertirse en *cero* mientras el numerador tenga algún valor, por pequeño que sea. Si un hombre hiciera un último relato antes de su muerte, y pensara que la cantidad de disfrute relacionado con un instinto particular (por ejemplo, el hambre) se distribuye a lo largo de toda su vida junto con todas las demandas hechas por este instinto, entonces el placer experimentado podría tener un valor muy pequeño, pero nunca podría perder valor. Si la cantidad de placer permanece constante, entonces, con un aumento en las necesidades de la criatura, el valor del placer disminuye. Lo mismo es cierto para la suma de la vida en la naturaleza. Cuanto mayor es el número de criaturas en proporción a aquellas que son capaces de satisfacer plenamente sus instintos, menor es el valor promedio del placer en la vida. Los cheques sobre el placer de la vida que se giran a nuestro favor en forma de nuestros instintos se vuelven menos valiosos si no podemos esperar cobrarlos por el monto total. Si obtengo suficiente para comer durante tres días y, como resultado, debo pasar hambre durante otros tres días, el placer real en los tres días de comer no disminuye. Pero ahora tengo que pensar en él como distribuido durante seis días, y por lo tanto su *valor* para mi instinto alimentario se reduce a la mitad. De la misma manera, la magnitud del placer está relacionada con el *grado* de mi necesidad. Si tengo suficiente hambre de dos trozos de pan y solo puedo obtener uno, el placer que obtengo de él tenía solo la mitad del valor que habría tenido si el consumo de él hubiera satisfecho mi hambre. Esta es la forma en que el *valor* de un placer se determina en la vida. Se mide por las necesidades de la vida. Nuestros deseos son la vara de medir; El placer es lo que se mide. El disfrute de satisfacer el hambre sólo tiene valor porque el hambre existe; y tiene un valor de una magnitud definida a través de la proporción que tiene con la magnitud del hambre existente.

Las demandas insatisfechas de nuestra vida arrojan su sombra incluso sobre los deseos satisfechos, y así restan *valor* a las horas placenteras. Pero también podemos hablar del *valor presente* de un sentimiento de placer. Este valor es cuanto menor, menor es el placer en proporción a la duración e intensidad de nuestro deseo.

Una cantidad de placer tiene todo su valor para nosotros

cuando en duración y grado coincide exactamente con nuestro deseo. Una cantidad de placer que es menor que nuestro deseo disminuye el valor del placer; Una cantidad que es mayor produce un excedente que no ha sido demandado y que se siente como placer sólo en la medida en que, mientras disfrutamos del placer, podemos aumentar la intensidad de nuestro deseo. Si el aumento de nuestro deseo es incapaz de seguir el ritmo del aumento del placer, entonces el placer se convierte en disgusto. Lo que de otro modo nos satisfaría ahora nos asalta sin que lo deseemos y nos hace sufrir. Esto demuestra que el placer tiene valor para nosotros sólo en la medida en que podemos medirlo contra nuestros deseos. Un exceso de sensación placentera se convierte en dolor. Esto se puede observar especialmente en personas cuyo deseo de un tipo particular de placer es muy pequeño. En las personas cuyo instinto para la comida está atrofiado, comer fácilmente se vuelve nauseabundo. Esto muestra nuevamente que el deseo es el estándar por el cual medimos el valor del placer.

Ahora bien, el pesimista podría decir que un instinto insatisfecho para la comida trae al mundo no sólo disgusto por el disfrute perdido, sino también dolor positivo, miseria y necesidad. Él puede basar esta declaración en la miseria indecible de las personas hambrientas y en la gran cantidad de sufrimiento que surge indirectamente para tales personas por su falta de alimentos. Y si quiere extender su afirmación a la naturaleza fuera del hombre también, puede señalar el sufrimiento de los animales que mueren de hambre en ciertas épocas del año. El pesimista sostiene que estos males superan con creces la cantidad de placer que el instinto de comida trae al mundo.

De hecho, no hay duda de que uno puede comparar el *placer* y el *dolor* y puede estimar el excedente de uno u otro tanto como lo hacemos en el caso de ganancias y *pérdidas*. Pero si el pesimista cree que debido a que hay un excedente de dolor puede concluir que la vida no tiene valor, cae en el error de hacer un cálculo que en la vida real nunca se hace.

Nuestro deseo, en cualquier caso dado, está dirigido a un objeto particular. Como hemos visto, el valor del placer de la satisfacción será mayor, mayor será la cantidad de placer en relación con la intensidad de nuestro deseo. De esta intensidad del deseo también dependerá cuánto dolor estemos dispuestos a soportar como parte del precio de lograr el placer. Comparamos la cantidad de dolor no con la cantidad de placer, sino con la intensidad de nuestro deseo. Si alguien se deleita mucho en comer, por razón de su disfrute en tiempos mejores, le resultará más fácil soportar un período de hambre que alguien para quien comer no es placer. Una mujer que quiere tener un hijo compara el placer que vendría de poseerlo no con la cantidad de dolor debido al embarazo, el parto, la lactancia, etc., sino con su deseo de poseer al niño.

Nunca apuntamos a una cierta cantidad de placer en

abstracto, sino a la satisfacción concreta de una manera perfectamente definida. Si estamos apuntando a un placer que debe ser satisfecho por un objeto o una sensación particulares, no estaremos satisfechos con algún otro objeto o alguna otra sensación que nos dé una cantidad igual de placer. Si nuestro objetivo es satisfacer nuestra hambre, no podemos reemplazar el placer que esto nos daría por un placer igualmente grande, pero producido por salir a caminar. Sólo si nuestro deseo fuera, en general, una cierta cantidad fija de placer como tal, desaparecería tan pronto como el precio de alcanzarlo se viera como una cantidad aún mayor de dolor. Pero dado que se apunta a la satisfacción de un tipo particular, la realización trae el placer incluso cuando, junto con él, un dolor aún mayor tiene que ser tomado en el trato. Pero debido a que los instintos de las criaturas vivientes se mueven en direcciones definidas y persiguen objetivos concretos, la cantidad de dolor soportado en el camino hacia la meta no puede establecerse como un factor equivalente en nuestros cálculos. Siempre que el deseo sea lo suficientemente intenso como para estar presente en algún grado después de haber superado el dolor, por grande que sea el dolor en sí mismo, entonces el placer de la satisfacción aún se puede saborear al máximo. El deseo, por lo tanto, no compara el dolor directamente con el placer alcanzado, sino que lo compara indirectamente relacionando su propia intensidad con la del dolor. La pregunta no es si el placer que se obtiene es mayor que el dolor, sino si el deseo de la meta es mayor que el efecto obstaculizador del dolor involucrado. Si el obstáculo es mayor que el deseo, entonces el deseo da paso a lo inevitable, se debilita y no se esfuerza más. Dado que nuestra demanda es de satisfacción de una manera particular, el placer relacionado con ella adquiere un significado tal que, una vez que hemos alcanzado la satisfacción, necesitamos tener en cuenta la cantidad de dolor solo en la medida en que haya reducido la intensidad de nuestro deseo. Si soy un admirador apasionado de las hermosas vistas, nunca calculo la cantidad de placer que me da la vista desde la cima de la montaña en comparación directa con el dolor del arduo ascenso y descenso; pero reflexiono si, después de haber superado todas las dificultades, mi deseo de la vista seguirá siendo lo suficientemente intenso. Sólo indirectamente, a través de la intensidad del deseo, el placer y el dolor juntos pueden conducir a un resultado. Por lo tanto, la pregunta no es en absoluto si hay un excedente de placer o de dolor, sino si la voluntad de placer es lo suficientemente fuerte como para superar el dolor.

Una prueba de la exactitud de esta afirmación es el hecho de que ponemos un valor más alto en el placer cuando tiene que ser comprado al precio de un gran dolor que cuando cae en nuestro regazo como un regalo del cielo. Cuando el sufrimiento y la miseria han atenuado nuestro deseo y, sin embargo, después de que se alcanza toda nuestra meta, entonces el placer, *en proporción* a la cantidad de deseo que aún queda, es *aún mayor*. Ahora, como he mostrado (página 189), esta proporción representa el *valor* del placer. Otra prueba se da a través del hecho de que las criaturas vivientes (incluido el hombre) dan expresión a sus instintos siempre que sean capaces de soportar el dolor y la miseria involucrados. La lucha por la existencia no es más que una consecuencia de este hecho. Toda la vida existente se esfuerza por expresarse, y sólo aquella parte de ella cuyos deseos son sofocados por el peso abrumador de las dificultades abandona la lucha. Toda criatura viviente busca alimento hasta que la falta de alimento destruye su vida. El hombre tampoco vuelve su mano contra sí mismo hasta que cree, con razón o sin ella, que aquellos objetivos en la vida que valen la pena esforzarse están más allá de su alcance. Mientras siga creyendo en la posibilidad de alcanzar lo que, en su opinión, vale la pena luchar, luchará contra toda miseria y dolor. La filosofía primero tendría que convencerlo de que un acto de voluntad tiene sentido sólo cuando el placer es mayor que el dolor; Porque por naturaleza se esforzará por los objetos de su deseo si puede soportar el dolor necesario, por grande que sea. Pero tal filosofía sería errónea porque haría que la voluntad humana dependiera de una circunstancia (el excedente de placer sobre el dolor) que es originalmente extraña al hombre. La medida original de su voluntad es el deseo, y el deseo se afirma todo el tiempo que puede. Cuando se trata de placer y dolor en la satisfacción de un deseo, el cálculo que se hace, no en la teoría filosófica, sino en la *vida*, se puede comparar con lo siguiente. Si al comprar una cierta cantidad de manzanas me veo obligado a tomar el doble de manzanas podridas que de manzanas saneas — porque el vendedor quiere liquidar sus existencias— no dudaré ni un momento en aceptar también las manzanas podridas, si la menor cantidad de manzanas buenas vale tanto para mí que, además de su precio de compra, también estoy dispuesto a asumir los gastos de disponer de las manzanas. malos. Este ejemplo ilustra la relación entre las cantidades de placer y dolor resultantes de un instinto. Determino el valor de las manzanas buenas no restando el número total de las buenas del de las malas, sino evaluando si las buenas todavía tienen valor para mí a pesar de la presencia de las malas.

Así como dejo las manzanas podridas fuera de cuenta en el disfrute de las buenas, así me entrego a la satisfacción de un deseo después de haberme sacudido el dolor inevitable. Incluso si el pesimismo tuviera razón en su afirmación de que hay más dolor que placer en el mundo, esto no tendría ninguna influencia en la voluntad, ya que las criaturas vivientes todavía se esforzarían por el placer que queda. La prueba empírica de que el dolor pesa más que la alegría (si se pudiera dar tal prueba) ciertamente sería efectiva para mostrar la futilidad de la escuela de filosofía que ve el valor de la vida en un excedente de placer (eudemonismo), pero no para mostrar que la voluntad, como tal, es irracional; Porque la voluntad no se fija en un excedente de placer, sino en la cantidad de placer que queda después de superar el dolor. Esto todavía aparece como un objetivo por el que vale la pena luchar.

Algunos han tratado de refutar el pesimismo afirmando que es imposible calcular el excedente de placer o de dolor en el mundo. Que cualquier cálculo se pueda hacer depende de si las cosas a calcular se pueden comparar con respecto a sus magnitudes. Cada dolor y cada placer tiene una magnitud definida (intensidad y duración). Además, podemos comparar sentimientos placenteros de diferentes tipos entre sí, al menos aproximadamente, con respecto a sus magnitudes. Sabemos si obtenemos más entretenimiento de un buen cigarro o de un buen chiste. Por lo tanto, no puede haber ninguna objeción a comparar diferentes tipos de placer y dolor con respecto a sus magnitudes. Y el investigador que se propone la tarea de determinar el excedente de placer o dolor en el mundo parte de suposiciones plenamente justificadas. Uno puede declarar que las conclusiones del pesimismo son falsas, pero no puede dudar de que las cantidades de placer y dolor pueden estimarse científicamente, y el equilibrio del placer puede determinarse de este modo. Sin embargo, es totalmente erróneo afirmar que el resultado de este cálculo tiene consecuencias para la voluntad humana. Los casos en los que realmente hacemos depender el valor de nuestra actividad de si el placer o el dolor muestran un excedente son aquellos en los que los objetos hacia los que se dirige nuestra actividad son todos iguales para nosotros. Si es sólo una cuestión de si, después del día de trabajo, debo divertirme con un juego o con una conversación ligera, y si soy totalmente indiferente a lo que hago siempre que sirva al propósito, entonces simplemente me pregunto: ¿Qué me da el mayor excedente de placer? Y ciertamente abandonaré la actividad si la balanza se inclina hacia el lado del disgusto. Si estamos comprando un juguete para un niño, consideramos, al seleccionar, qué le dará la mayor felicidad. En todos los demás casos no basamos nuestra decisión exclusivamente en el equilibrio del placer.

Por lo tanto, si los pesimistas creen que al mostrar que el dolor está presente en mayor cantidad que el placer están preparando el terreno para la devoción desinteresada a la obra de la civilización, olvidan que la voluntad humana, por su propia naturaleza, no se deja influenciar por este conocimiento. El esfuerzo humano se dirige hacia la medida de satisfacción que es posible después de que se superan todas las dificultades. La esperanza de tal satisfacción es el fundamento de toda actividad humana. El trabajo de cada individuo y de toda la civilización brota de esta esperanza. La ética pesimista cree que debe presentar la búsqueda de la felicidad como una imposibilidad para el hombre a fin de que pueda dedicarse a sus propias tareas morales. Pero estas tareas morales no son más que los instintos naturales y espirituales concretos; Y el hombre se esfuerza por satisfacerlos a pesar del dolor incidental. Por lo tanto, la búsqueda de la felicidad que el pesimista erradicaría no se encuentra en ninguna parte. Pero las tareas que el hombre tiene que cumplir, las cumple, porque desde la naturaleza misma de su ser *quiere* cumplirlas, una vez que haya reconocido adecuadamente su naturaleza. La ética pesimista declara que sólo cuando un hombre ha abandonado la búsqueda del placer puede dedicarse a lo que reconoce como su tarea en la vida. Pero ningún sistema de ética puede inventar ninguna tarea de la vida que no sea la realización de las satisfacciones que exigen los deseos humanos y el cumplimiento de los ideales morales del hombre. Ninguna ética puede privar al hombre del placer que experimenta en el cumplimiento de sus deseos. Cuando el pesimista dice: "No te esfuerces por el placer, porque nunca podrás alcanzarlo; Esfuérzate más bien por lo que reconoces como tu tarea", debemos responder, "Pero esto es justo lo que hace el hombre, y la noción de que se esfuerza simplemente por la felicidad no es más que la invención de una filosofía errante". Apunta a la satisfacción de lo que él mismo desea, y tiene en vista los objetos concretos de su esfuerzo, no la "felicidad" en abstracto; Y la plenitud es para él un placer. Cuando la ética pesimista exige: "No te esfuerces por el placer, sino por el logro de lo que ves como la tarea de tu vida", golpea lo mismo que el hombre, en su propio ser, *quiere*. El hombre no necesita ser puesto del revés por la filosofía, no necesita descartar su naturaleza humana, antes de que pueda ser moral. La moralidad radica en luchar por una meta que uno reconoce como justificada; Es la naturaleza humana perseguirlo siempre y cuando el dolor incurrido no inhiba el deseo por completo. Esta es la esencia de toda voluntad genuina. El comportamiento ético no se basa en la erradicación de todo esfuerzo por el placer hasta el fin de que las ideas abstractas incruentas puedan establecer su dominio sin oposición por ningún fuerte anhelo para el disfrute de la vida, sino más bien en una *fuerte* voluntad sostenida por intuiciones ideales, una voluntad que alcanza su meta aunque el camino sea espinoso.

Los ideales morales surgen de la imaginación moral del hombre. Su realización depende de su deseo de que sean lo suficientemente intensos como para superar el dolor y la miseria. Son *sus* intuiciones, las fuerzas motrices que su espíritu aprovecha; él las *quiere*, porque su realización es su mayor placer. No necesita ética para prohibirle luchar por el placer y luego decirle por qué *se esforzará*. Se esforzará por los ideales si su imaginación morales es lo suficientemente activa como para proporcionarle intuiciones que le den a su voluntad la fuerza para abrirse camino contra todos los obstáculos inherentes a su constitución, incluido el dolor que necesariamente está involucrado.

Si un hombre se esfuerza por ideales sublimemente grandes, es porque son el contenido de su propio ser, y su realización le traerá una alegría en comparación con la cual el placer que una perspectiva limitada obtiene de la gratificación de los deseos comunes es una mera trivialidad. Los idealistas *se deleitan*, espiritualmente, en la traducción de sus ideales en realidad. Cualquiera que erradique el placer traído por el cumplimiento de los deseos humanos primero tendrá que hacer del hombre un esclavo que actúe no porque quiera, sino solo porque debe hacerlo. Porque el logro de lo que uno quería hacer da placer. Lo que llamamos *bueno* no es lo que un hombre *debe* hacer, sino lo que querrá hacer si desarrolla la verdadera naturaleza del hombre al máximo. Cualquiera que no reconozca esto debe primero expulsar del hombre todo lo que el hombre mismo quiere hacer, y luego, *desde afuera*, prescribir el contenido que debe dar a su voluntad.

El hombre valora el cumplimiento de un deseo porque el deseo brota de su propio ser. Lo que se logra tiene su valor porque se ha querido. Si negamos cualquier valor a lo que el hombre mismo quiere, entonces los objetivos que sí tienen valor tendrán que encontrarse en algo que el hombre no quiere.

Una ética construida sobre el pesimismo surge del desprecio de la imaginación moral. Sólo si uno considera que el espíritu humano individual es él mismo incapaz de dar contenido a su esfuerzo, uno puede esperar que el anhelo de placer explique plenamente todos los actos de voluntad. Un hombre sin imaginación no crea ideas morales. Deben dárselas a él. La naturaleza física se encarga de que se esfuerce por satisfacer sus deseos inferiores. Pero el desarrollo de *todo* el hombre también incluye aquellos deseos que se originan en el espíritu. Sólo si uno cree que el hombre no tiene tales deseos espirituales puede uno declarar que debe recibirlos desde fuera. Entonces uno también tendría derecho a decir que es deber del hombre hacer lo que no quiere. Todo sistema ético que exige del hombre que debe suprimir su propia voluntad para cumplir tareas que no quiere, no cuenta con todo el hombre, sino con uno en el que falta la facultad del deseo espiritual. Para un hombre que se desarrolla armoniosamente, los llamados ideales de virtud se encuentran, no *fuera*, sino *dentro* de la esfera de su propio ser. La acción moral no consiste en la erradicación de una voluntad personal unilateral, sino en el *pleno* desarrollo de la naturaleza humana. Aquellos que sostienen que los ideales morales son alcanzables sólo si el hombre destruye su propia voluntad personal, no son conscientes de que estos ideales son deseados por el hombre tal como quiere la satisfacción de los llamados instintos animales.

No se puede negar que las opiniones aquí esbozadas pueden malinterpretarse fácilmente. A las personas inmaduras sin imaginación moral les gusta considerar los instintos de su naturaleza medio desarrollada como la expresión más completa de la raza humana, y rechazan todas las ideas morales que ellos mismos no han producido, para que puedan "vivir ellos mismos" sin ser molestados. Pero no hace falta decir que lo que es correcto para un ser humano plenamente desarrollado no es válido para las naturalezas humanas medio desarrolladas. Cualquiera que todavía necesite ser educado hasta el punto en que su naturaleza moral rompa la cáscara de sus pasiones inferiores, no tendrá las mismas cosas que se esperan de él como de una persona madura. Sin embargo, no era mi intención mostrar lo que necesita ser impreso en una persona subdesarrollada, sino lo que se encuentra dentro de la naturaleza esencial de un ser humano maduro. Mi intención era demostrar la posibilidad de la libertad, y la libertad se manifiesta no en acciones realizadas bajo restricción de sentido o alma, sino en acciones sostenidas por intuiciones espirituales.

El hombre maduro se da su propio valor. No apunta al placer, que le llega como un don de gracia por parte de la Naturaleza o del Creador; Tampoco cumple un deber abstracto que reconoce como tal después de haber renunciado a la lucha por el placer. Actúa como quiere actuar, es decir, de acuerdo con el estándar de sus intuiciones éticas; Y encuentra en el logro de lo que quiere el verdadero disfrute de la vida. Determina el valor de la vida midiendo los logros contra los objetivos. Una ética que reemplaza "sería" por mero "debería", inclinación por mero deber, determinará consecuentemente el valor del hombre midiendo su cumplimiento del deber contra las exigencias que hace. Mide al hombre con una vara de medir externa a su propio ser. El punto de vista que he desarrollado aquí remite al hombre a sí mismo. Reconoce como el verdadero valor de la vida sólo lo que cada individuo considera como tal, de acuerdo con el estándar de su propia voluntad. No reconoce más un valor de la vida que no es reconocido por el individuo que un propósito de vida que no se ha originado en él.

Adición del autor, 1918

El argumento de este capítulo será malinterpretado si uno es atrapado por la aparente objeción de que la voluntad, como tal, es el factor irracional en el hombre y que una vez que esta irracionalidad se le aclare, verá que el objetivo de su esfuerzo ético debe estar en la emancipación final de la voluntad. Una aparente objeción de exactamente este tipo fue presentada contra mí desde un sector respetable en el sentido de que se me dijo que es asunto del filósofo hacer bien lo que la falta de pensamiento lleva a los animales y a la mayoría de los hombres a descuidar, es decir, lograr un equilibrio adecuado de la cuenta de la vida. Pero esta objeción simplemente pasa por alto el punto principal. Si la libertad ha de realizarse, la voluntad en la naturaleza humana debe ser sostenida por el pensamiento intuitivo; Al mismo tiempo, sin embargo, encontramos que un acto de voluntad también puede ser determinado por factores distintos de la intuición, aunque *sólo* en la libre realización de las intuiciones que emanan de la naturaleza esencial del hombre encontramos la moralidad y su valor. El individualismo ético es muy capaz de presentar la moralidad en su plena dignidad, porque ve la verdadera moralidad no en lo que produce el acuerdo de un acto de voluntad con un estándar de comportamiento de una manera externa, sino en lo que surge en el hombre cuando desarrolla su voluntad moral como parte integral de todo su ser, de modo que hacer lo que no es moral le parece un retraso en el crecimiento y una paralización de la enfermedad. su naturaleza.

INDIVIDUALIDAD Y GÉNERO

La opinión de que el hombre está destinado a convertirse en una individualidad completa, autónoma y libre parece ser impugnada por el hecho de que hace su aparición como miembro de una totalidad naturalmente dada (raza, pueblo, nación, familia, sexo masculino o femenino) y también trabaja dentro de una totalidad (estado, iglesia, etc.). Lleva las características generales del grupo al que pertenece, y da a sus acciones un contenido que está determinado por la posición que ocupa entre muchas otras.

Siendo esto así, ¿es posible la individualidad en absoluto? ¿Podemos considerar al hombre como una totalidad en sí mismo, viendo que crece de una totalidad y se integra en otra?

Cada miembro de una totalidad está determinado, en cuanto a sus características y funciones, por la totalidad de la totalidad. Un grupo racial es una totalidad y todas las personas que pertenecen a él llevan los rasgos característicos que son inherentes a la naturaleza del grupo. La forma en que se constituye el miembro único, y cómo se comportará, están determinadas por el carácter del grupo racial. Por lo tanto, la fisonomía y la conducta del individuo tienen algo genérico sobre ellos. Si preguntamos por qué algo en particular acerca de un hombre es así o así, somos referidos del individuo al género. El género explica por qué algo en el individuo aparece en la forma que observamos.

El hombre, sin embargo, se libera de lo que es genérico. Porque las características genéricas de la raza humana, cuando se entienden correctamente, no restringen la libertad del hombre, y no se les debe obligar artificialmente a hacerlo. Un hombre desarrolla cualidades y actividades propias, y la base de estas sólo podemos buscarlas en el hombre mismo. Lo que es genérico en él sirve sólo como un medio en el que expresar su propio ser individual. Utiliza como fundamento las características que la naturaleza le ha dado, y a éstas les da una forma adecuada a su propio ser. Si buscamos en las leyes genéricas las razones para una expresión de este ser, buscamos en vano. Estamos preocupados por algo puramente individual que sólo puede explicarse en términos de sí mismo. Si un hombre ha logrado esta emancipación de todo lo que es genérico, y sin embargo estamos decididos a explicar todo sobre él en términos genéricos, entonces no tenemos sentido para lo que es individual.

Es imposible entender completamente a un ser humano si uno toma el concepto de género como la base de su juicio. La tendencia a juzgar según el género es más obstinada cuando nos preocupamos por las diferencias de sexo. Casi invariablemente el hombre ve en la mujer, y la mujer en el hombre, demasiado del carácter general del otro sexo y muy poco de lo que es individual. En la vida práctica, esto hace menos daño a los hombres que a las mujeres. La posición social de la mujer es en su mayor parte tan indigna porque en muchos aspectos está determinada no como debería ser por las características particulares de la mujer individual, sino por la imagen general que uno tiene de las tareas y necesidades naturales de la mujer. La actividad de un hombre en la vida se rige por sus capacidades e inclinaciones individuales, mientras que la de una mujer se supone que está determinada únicamente por el mero hecho de que ella es una mujer. Se supone que es esclava de lo genérico, de la feminidad en general. Mientras los hombres continúen debatiendo si una mujer es adecuada para tal o cual profesión "de acuerdo con su disposición natural", la llamada pregunta de la mujer no puede avanzar más allá de su etapa más elemental. Lo que una mujer, dentro de sus limitaciones naturales, quiere llegar a ser debe dejarse en manos de la mujer misma. Si es cierto que las mujeres son adecuadas sólo para la profesión que es suya en la actualidad, entonces difícilmente tendrán en ellas para alcanzar cualquier otra. Pero se les debe permitir decidir por sí mismos lo que está de acuerdo con su naturaleza. A todos los que temen una agitación de nuestra estructura social al aceptar a las mujeres como individuos y no como mujeres, debemos responder que una estructura social en la que el estatus de la mitad de la humanidad es indigno de un ser humano tiene en gran necesidad de mejora. [1]

Cualquiera que juzgue a las personas según caracteres genéricos llega solo hasta la frontera donde las personas comienzan a ser seres cuya actividad se basa en la libre autodeterminación. Cualquier cosa que esté por debajo de esta frontera puede convertirse naturalmente en materia para el estudio académico. Las características de raza, pueblo, nación y sexo son objeto de ramas especiales de estudio. Solo los hombres que desean vivir como nada más que ejemplos del género podrían ajustarse a una imagen general como la que surge del estudio académico de este tipo. Pero ninguna de estas ramas de estudio es capaz de avanzar en cuanto al contenido único del individuo individual. La determinación del individuo de acuerdo con las leyes de su género cesa donde comienza la esfera de la libertad (en pensar y actuar). El contenido conceptual que el hombre tiene que conectar con el perceptivo mediante un acto de pensar para tener la plena realidad (ver capítulo 5 y ss.) no puede ser fijado de una vez por todas y legado ya hecho a la humanidad. El individuo debe obtener sus conceptos a través de su propia intuición. Cómo el individuo tiene que pensar no puede deducirse de ningún tipo de concepto genérico. Depende simple y exclusivamente del individuo. Tan poco es posible determinar a partir de las características generales del hombre qué objetivos concretos puede elegir el individuo para fijarse. Si queremos entender al individuo individual, debemos encontrar nuestro camino hacia su propio ser particular y no detenernos en esas características que son típicas. En este sentido, cada ser humano es un problema separado. Y todo tipo de estudio que se ocupa de pensamientos abstractos y conceptos genéricos no es más que una preparación para el conocimiento que obtenemos cuando una individualidad humana nos dice su forma de ver el mundo, y por otro lado para el conocimiento que obtenemos del contenido de sus actos de voluntad. Cada vez que sentimos que estamos tratando con ese elemento en un hombre que está libre de pensamiento estereotipado y voluntad instintiva, entonces, si queremos entenderlo en su esencia, debemos dejar de llamar en nuestra ayuda cualquier concepto que hayamos creado. El acto de conocer consiste en combinar el concepto con el percepto por medio del pensamiento. Con todos los demás objetos, el observador debe obtener sus conceptos a través de su intuición; Pero si queremos entender una individualidad libre, debemos tomar en nuestro propio espíritu aquellos conceptos por los cuales Él se determina a sí mismo, en su forma pura (sin mezclar nuestro propio contenido conceptual con ellos). Aquellos que inmediatamente mezclan sus propios conceptos en cada juicio sobre otra persona, nunca pueden llegar a la comprensión de una individualidad. Así como la individualidad libre se emancipa de las características del género, así también el acto de conocer debe emanciparse de la forma en que entendemos lo que es genérico.

Sólo en la medida en que un hombre se ha emancipado de esta manera de todo lo que es genérico, cuenta como un espíritu libre dentro de una comunidad humana. Ningún hombre es todo género, ninguno es todo individualidad. Pero cada hombre emancipa gradualmente una esfera mayor o menor de su ser, tanto de las características genéricas de la vida animal como de la dominación por los decretos de las autoridades humanas.

En cuanto a la parte de su naturaleza donde un hombre no es capaz de alcanzar esta libertad por sí mismo, constituye una parte de todo el organismo de la naturaleza y el espíritu. En este sentido, vive copiando a otros u obedeciendo sus órdenes. Pero sólo la parte de su conducta que surge de sus intuiciones puede tener valor ético en el verdadero sentido. Y esos instintos morales que posee a través de la herencia de instintos sociales adquieren valor ético al ser llevado a sus intuiciones. Es a partir de las intuiciones éticas individuales y su aceptación por las comunidades humanas que se origina toda actividad moral de la humanidad. En otras palabras, la vida moral de la humanidad es la suma total de los productos de la imaginación moral de los individuos humanos libres. Esta es la conclusión a la que llega el monismo.

PREGUNTAS FUNDAMENTALES: LAS CONSECUENCIAS DEL MONISMO

La explicación uniforme del mundo, es decir, el monismo que hemos descrito deriva los principios que necesita para la explicación del mundo de la experiencia humana. Del mismo modo, busca las fuentes de acción dentro del mundo de la observación, es decir, en esa parte de la naturaleza humana que es accesible a nuestro autoconocimiento, más particularmente en la imaginación moral. El monismo se niega a inferir de manera abstracta que las causas últimas del mundo que se presenta a nuestra percepción y pensamiento se encuentran en una región *fuera* de este mundo. Para el monismo, la unidad que la observación reflexiva —que *podemos* experimentar— aporta a la multiplicidad de percepciones es la misma unidad que exige la necesidad del hombre de conocimiento, y a través de la cual busca entrar en las regiones físicas y espirituales del mundo. Quien busca otra unidad detrás de ésta sólo demuestra que no reconoce la identidad de lo que se descubre al pensar y lo que exige el impulso del conocimiento. El individuo humano individual no está realmente aislado del universo. Él es parte de ella, y entre esta parte y la totalidad del cosmos existe una conexión real que se rompe sólo para nuestra percepción. Al principio tomamos esta parte del universo como algo que existe por sí mismo, porque no vemos los cinturones y cuerdas por los cuales las fuerzas fundamentales del cosmos mantienen la rueda de nuestra vida girando.

Quienquiera que permanezca en este punto de vista ve una parte del todo como si en realidad fuera una cosa que existe independientemente, una mónada que recibe información sobre el resto del mundo de alguna manera desde afuera. El monismo, como se describe aquí, muestra que podemos creer en esta independencia solo mientras las cosas que percibimos no estén tejidas por nuestro pensamiento en la red del mundo conceptual. Tan pronto como esto sucede, toda existencia separada resulta ser mera *ilusión debido a la percepción*. El hombre puede encontrar su existencia plena y completa en la totalidad del universo sólo a través de la experiencia del pensamiento intuitivo. El pensamiento destruye la ilusión debida a la percepción e integra nuestra existencia individual en la vida del cosmos. La unidad del mundo conceptual, que contiene todas las percepciones objetivas, abarca también el contenido de nuestra personalidad subjetiva. El pensamiento nos da la realidad en su verdadera forma como una unidad autónoma, mientras que la multiplicidad de percepciones no es más que una apariencia debido a la forma en que estamos organizados (ver página 67). Reconocer la verdadera realidad, frente a la ilusión debida a la percepción, ha sido en todo momento el objetivo del pensamiento humano. El pensamiento científico ha hecho grandes esfuerzos para reconocer la realidad en los perceptos descubriendo las conexiones sistemáticas entre ellos. Donde, sin embargo, se creía que las conexiones determinadas por el pensamiento humano sólo tenían validez subjetiva, la verdadera base de la unidad se buscaba en alguna entidad que estaba más allá de nuestro mundo de experiencia (un Dios inferido, voluntad, espíritu absoluto, etc.). Sobre la base de esta creencia, se intentó obtener, además del conocimiento accesible a la experiencia, un segundo tipo de conocimiento que trasciende la experiencia y muestra cómo el mundo que se *puede* experimentar está conectado con las entidades que no *pueden* (una metafísica a la que se llega por inferencia, y no por experiencia). Se pensaba que la razón por la que podemos captar las conexiones de las cosas en el mundo a través del pensamiento disciplinado era que un ser primordial había construido el mundo sobre leyes lógicas y, de manera similar, que los fundamentos de nuestras acciones yacían en la voluntad de tal ser. Lo que no se comprendió fue que el pensamiento abarca tanto lo subjetivo como lo objetivo en una sola comprensión, y que a través de la unión de la percepción con el concepto se transmite la realidad completa. Sólo mientras pensemos en la ley y el orden que impregna y determina la percepción como teniendo la forma abstracta de un concepto, estamos de hecho tratando con algo puramente subjetivo. Pero el contenido de un concepto, que se añade al percepto por medio del pensamiento, no es subjetivo. Este contenido no está tomado del tema, sino de la realidad. Es esa parte de la realidad que no puede ser alcanzada por el acto de percibir. Es experiencia, pero no experiencia adquirida a través de la percepción. Si alguien no puede ver que el concepto es algo real, está pensando en ello sólo en la forma abstracta en la que lo tiene en su mente. Pero sólo a través de nuestra organización está presente en tal aislamiento, al igual que en el caso del percepto. Después de todo, el árbol que uno percibe no tiene existencia por sí mismo, aislado. Existe sólo como una parte de la inmensa maquinaria de la naturaleza, y sólo *puede* existir en conexión real con la naturaleza. Un concepto abstracto tomado por sí mismo tiene tan poca realidad como un percepto tomado por sí mismo. El percepto es la parte de la realidad que se da objetivamente, el concepto la parte que se da subjetivamente. Nuestra organización mental desgarra la realidad en estos dos factores. Un factor se presenta a la percepción, el otro a la intuición. Sólo la unión de los dos, es decir, el percepto que encaja sistemáticamente en el universo constituye la realidad plena. Si tomamos meras percepciones por sí mismas, no tenemos realidad sino más bien un caos desconectado; Si tomamos por sí mismo la ley y el orden que conectan los perceptos, entonces no tenemos nada más que conceptos abstractos. La realidad no está contenida en el concepto abstracto; Sin embargo, está contenida en una observación reflexiva, que no considera unilateralmente el concepto o la percepción solamente, sino más bien la unión de los dos.

Que vivimos en la realidad (que estamos arraigados en ella con nuestra existencia real) no será negado ni siquiera por el más ortodoxo de los idealistas subjetivos. Él solo negará que alcancemos la misma realidad con nuestro conocimiento, con nuestras ideas, como aquella en la que realmente vivimos. El monismo, por otro lado, muestra que el pensamiento no es subjetivo ni objetivo, sino que es un principio que abarca ambos lados de la realidad. Cuando observamos con nuestro pensamiento, llevamos a cabo un proceso que en sí mismo pertenece al orden de los acontecimientos reales. Por medio del pensamiento, dentro de la experiencia misma, superamos la unilateralidad de la mera percepción. No podemos argumentar la esencia de la realidad por medio de hipótesis conceptuales abstractas (a través de la reflexión conceptual pura), pero en la medida en que encontramos las ideas que pertenecen a los perceptos, estamos *viviendo* en la realidad. El monismo no busca añadir a la experiencia algo no experimentable (trascendental), sino que encuentra la realidad plena en el concepto y la percepción. No hace girar un sistema de metafísica a partir de meros conceptos abstractos, porque ve en el concepto por sí mismo solo un lado de la realidad, a saber, el lado que permanece oculto a la percepción, y solo tiene sentido en relación con el percepto. El monismo, sin embargo, le da al hombre la convicción de que vive en el mundo de la realidad y no tiene necesidad de mirar más allá de este mundo para una realidad superior que nunca puede ser experimentada. Se abstiene de buscar la realidad absoluta en cualquier otro lugar que no sea en la experiencia, porque es sólo en el contenido de la experiencia que reconoce la realidad. El monismo se satisface con esta realidad, porque sabe que el pensamiento tiene el poder de garantizarla. Lo que el dualismo busca sólo más allá del mundo observado, el monismo lo encuentra en este mundo mismo. El monismo muestra que con nuestro acto de conocer captamos la realidad en su verdadera forma, y no como una imagen subjetiva que se inserta entre el hombre y la realidad. Para el monismo, el contenido conceptual del mundo es el mismo para todos los individuos humanos. Según los principios monistas, un individuo humano considera a otro como semejante a sí mismo porque el mismo contenido mundial se expresa en él. En el mundo unitario de los conceptos no hay tantos conceptos del león como individuos que piensan en un león, sino sólo uno. Y el concepto de que A se ajusta a su percepción del león es el mismo que B se ajusta a la suya, sólo que aprehendido por un sujeto perceptor diferente. El pensamiento lleva a todos los sujetos que perciben a la misma unidad ideal en toda multiplicidad. El mundo unitario de las ideas se expresa en ellas como en una multiplicidad de individuos. Mientras un hombre se aprehende a sí mismo simplemente por medio de la autopercepción, se ve a sí mismo como este hombre en particular; Tan pronto como mira el mundo de las ideas que se ilumina dentro de él, abrazando todo lo que está separado, ve dentro de sí mismo la realidad absoluta que vive y brilla. El dualismo define al Ser primordial divino como aquello que impregna y vive en todos los hombres. El monismo encuentra esta vida divina, común a todos, en la realidad misma. Las ideas de otro ser humano son en esencia mías también, y las considero diferentes sólo mientras las percibo, pero ya no cuando pienso. Cada hombre abarca en su pensamiento sólo una parte del mundo total de las ideas, y en esa medida los individuos difieren incluso en el contenido real de su pensamiento. Pero todos estos contenidos están dentro de un todo autónomo, que abarca el contenido del pensamiento de todos los hombres. Por lo tanto, cada hombre, en su pensamiento, se apodera del Ser primordial universal que impregna a todos los hombres. Vivir en la realidad, lleno del contenido del pensamiento, es al mismo tiempo vivir en Dios. Un mundo más allá, que es meramente inferido y no puede ser experimentado, surge de un concepto erróneo por parte de aquellos que creen que *este* mundo no puede tener el fundamento de su existencia dentro de sí mismo. No se dan cuenta de que a través del pensamiento encuentran justo lo que necesitan para la explicación del percepto. Esta es la razón por la que ninguna especulación ha sacado a la luz ningún contenido que no haya sido tomado de la realidad que se nos dio. El Dios que se asume a través de la inferencia abstracta no es más que un ser humano trasplantado al Más Allá; La voluntad de Schopenhauer es la fuerza de voluntad humana hecha absoluta; El inconsciente de Hartmann, un ser primordial hecho de idea y voluntad no es más que un compuesto de dos abstracciones extraídas de la experiencia. Exactamente lo mismo es cierto de todos los demás principios trascendentales basados en el pensamiento que no ha sido experimentado.

La verdad es que el espíritu humano nunca trasciende la realidad en la que vivimos, ni tiene necesidad de hacerlo, ya que este mundo contiene todo lo que el espíritu humano requiere para explicarlo. Si los filósofos finalmente se declaran satisfechos con la deducción del mundo a partir de principios que toman prestados de la experiencia y trasplantan a un hipotético Más Allá, entonces debería ser igual de posible estar satisfechos cuando se permite que el mismo contenido permanezca en este mundo, donde para nuestro pensamiento como experimentado pertenece. Todos los intentos de trascender el mundo son puramente ilusorios, y los principios trasplantados de este mundo al Más Allá no explican el mundo mejor que aquellos que permanecen dentro de él. Si el pensamiento se comprende a sí mismo, no pedirá tal trascendencia en absoluto, ya que cada contenido del pensamiento debe buscar dentro del mundo y no fuera de él un contenido perceptivo, junto con el cual forma algo real. Los objetos de la imaginación, también, no son más que contenidos que se justifican sólo cuando se transforman en imágenes mentales que se refieren a un contenido perceptivo. A través de este contenido perceptual se convierten en una parte integral de la realidad. Un concepto que se supone que está lleno de un contenido que está más allá de nuestro mundo dado es una abstracción a la que ninguna realidad corresponde. Podemos pensar sólo en los *conceptos* de la realidad; para encontrar la realidad misma, también debemos tener percepción. Un ser mundial primordial para el que inventamos un contenido es una suposición imposible para cualquier pensamiento que se entienda a sí mismo. El monismo no niega los elementos ideales, de hecho, considera que un contenido perceptivo sin una contraparte ideal no es completamente real; Pero en todo el ámbito del pensamiento no encuentra nada que pueda requerir que salgamos del ámbito de la experiencia de nuestro pensamiento negando la realidad espiritual objetiva del pensamiento mismo. El monismo considera incompleta una ciencia que se limita a una descripción de los perceptos sin penetrar en sus complementos ideales. Pero considera igualmente incompletos todos los conceptos abstractos que no encuentran sus complementos en los perceptos, y que no encajan en ninguna parte de la red conceptual que abarca todo el mundo observable. Por lo tanto, no conoce ideas que se refieran a factores objetivos que están más allá de nuestra experiencia y que se supone que forman el contenido de un sistema puramente hipotético de metafísica. Todo lo que la humanidad ha producido en el camino de tales ideas el monismo considera como abstracciones tomadas de la experiencia, el hecho de tomar prestado ha sido pasado por alto por los creadores.

Del mismo modo, de acuerdo con los principios monistas, los objetivos de nuestra acción pueden derivarse de un Más Allá extrahumano. En la medida en que los pensamos, deben provenir de la intuición humana. El hombre no toma los propósitos de un Ser primordial objetivo (trascendental) y los hace suyos, sino que persigue sus propios propósitos individuales que le da su imaginación moral. La idea que se realiza en una acción es separada por el hombre del mundo unitario de las ideas y convertida en la base de su voluntad. Por lo tanto, no son los mandamientos inyectados en este mundo desde el Más Allá los que viven en su acción, sino las intuiciones humanas que pertenecen a este mundo mismo. El monismo no conoce tal dictador mundial que establece nuestros objetivos y dirige nuestras acciones desde el exterior. El hombre no encuentra tal base primordial de existencia cuyos consejos pueda investigar para aprender de él los objetivos a los que tiene que dirigir sus acciones. Él es arrojado sobre sí mismo. Es él mismo quien debe dar contenido a su acción. Si busca fuera del mundo en el que vive los motivos que determinan su voluntad, buscará en vano. Si ha de ir más allá de simplemente satisfacer sus instintos naturales, para los cuales la Madre Naturaleza ha provisto, entonces debe buscar estos fundamentos en su propia imaginación moral, a menos que encuentre más conveniente dejarse determinar por la imaginación moral de los demás; En otras palabras, o bien debe renunciar a la acción por completo, o bien debe actuar por razones que se da a sí mismo fuera de su mundo de ideas o que otros seleccionan para él fuera del suyo. Si avanza más allá de simplemente seguir su vida de instintos sensuales o llevar a cabo las órdenes de otros, entonces no estará determinado por nada más que por sí mismo. Debe actuar por un impulso dado por sí mismo y determinado por nada más. Es cierto que este impulso se determina idealmente en el mundo unitario de las ideas; Pero en la práctica es sólo por el hombre que puede ser tomado de ese mundo y traducido a la realidad. El monismo, que sólo puede encontrar en el hombre la base de la traducción real de una idea a la realidad. Si una idea ha de convertirse en acción, el hombre primero debe quererla, antes de que pueda suceder. Por lo tanto, tal acto de voluntad tiene sus fundamentos sólo en el hombre mismo. El hombre es entonces el determinante último de su acción. Él es libre.

Adiciones del autor, 1918

En la segunda parte de este libro se ha intentado demostrar que la libertad se encuentra en la realidad de la acción humana. Para este propósito era necesario destacar de toda la esfera de la conducta humana aquellas acciones en las que, sobre la base de la autoobservación sin prejuicios, se puede hablar de libertad. Estas son acciones que representan la realización de intuiciones ideales. Ninguna otra acción será llamada libre por un observador sin prejuicios. Sin embargo, sólo observándose a sí mismo de una manera sin prejuicios, el hombre tendrá que ver que está en su naturaleza progresar a lo largo del camino hacia las intuiciones éticas y su realización. Pero *esta* observación desprejuiciada de la naturaleza ética del hombre no puede, por sí misma, llegar a una conclusión final sobre la libertad. Porque si el pensamiento intuitivo se originara en algo más que en sí mismo, si su esencia no fuera autosuficiente, entonces la conciencia de libertad que fluye de la moralidad resultaría ser una mera ilusión. Pero la segunda parte de este libro encuentra su apoyo natural en la primera parte. Esto presenta el pensamiento intuitivo como la actividad espiritual experimentada internamente por el hombre. Comprender *esta* naturaleza del pensamiento experimentándolo equivale a un conocimiento de la *libertad* del pensamiento intuitivo. Y una vez que sabemos que este pensamiento es libre, también podemos ver a qué región de la voluntad se puede atribuir la libertad. Consideraremos al hombre como un agente *libre* si, sobre la base de la experiencia interior, podemos atribuir una esencia autosuficiente a la vida del pensamiento intuitivo. Quien no pueda hacer esto nunca podrá descubrir un camino hacia la aceptación de la libertad que no pueda ser desafiado de ninguna manera. Esta experiencia, a la que hemos dado tanta importancia, descubre el pensamiento intuitivo *dentro* de la conciencia, aunque la realidad de este pensamiento no se limita a la conciencia. Y con esto descubre la libertad como la característica distintiva de todas las acciones que proceden de las intuiciones de la conciencia.

El argumento de este libro se basa en el pensamiento intuitivo que puede experimentarse de una manera puramente espiritual y a través del cual, en el acto de conocer, cada percepción se coloca en el mundo de la realidad. Este libro tiene como objetivo presentar nada más de lo que se puede examinar a través de la experiencia del pensamiento intuitivo. Pero también debemos enfatizar qué tipo de formación de pensamiento exige esta experiencia de pensamiento. Exige que no neguemos que el pensamiento intuitivo es una experiencia autosostenible dentro del proceso de conocimiento. Exige que reconozcamos que este pensamiento, junto con el percepto, es capaz de experimentar la realidad en lugar de tener que buscarla en un mundo inferido que está más allá de la experiencia, en comparación con el cual la actividad del pensamiento humano sería algo puramente subjetivo.

Así, el pensamiento se caracteriza como el factor a través del cual el hombre se abre camino espiritualmente hacia la realidad. (Y, en realidad, nadie debería confundir esta concepción del mundo que se basa en la experiencia directa del pensamiento con el mero racionalismo). Por otro lado, debería ser evidente por todo el espíritu de este argumento que para el conocimiento humano el elemento perceptivo sólo se convierte en una garantía de la realidad cuando se toma en cuenta en el pensamiento. *Fuera* del pensamiento no hay nada que caracterice la realidad por lo que es. Por lo tanto, no debemos imaginar que el tipo de realidad garantizada por la percepción sensorial es la única. Todo lo que viene a nosotros a modo de percepción es algo que, en nuestro viaje por la vida, simplemente tenemos que *esperar*. La única pregunta es, ¿sería correcto *esperar*, desde el punto de vista que nos da este pensamiento puramente intuitivo, que el hombre pudiera *percibir* las cosas espirituales así como las percibidas con los sentidos? Sería correcto esperar esto. Porque aunque, *por un lado*, el pensamiento intuitivo experimentado es un proceso activo que tiene lugar en el espíritu humano, por *otro lado* también es una percepción espiritual captada sin un órgano sensorial físico. Es un percepto en el que el perceptor es él mismo activo, y una autoactividad que es al mismo tiempo percibida. En el pensamiento intuitivamente experimentado, el hombre es llevado a un mundo espiritual también como perceptor. Dentro de este mundo espiritual, cualquier cosa que lo confronte como percepto, de la misma manera que el mundo espiritual de su propio pensamiento será reconocido por él como un mundo de percepción espiritual. *Este* mundo de percepción espiritual podría ser visto como teniendo la misma relación con el pensamiento que el mundo de la percepción sensorial tiene del lado de los sentidos. Una vez experimentado, el mundo de la percepción espiritual no puede aparecer al hombre como algo extraño para él, porque en su pensamiento intuitivo ya tiene una experiencia que es puramente espiritual en carácter. Tal mundo de percepción espiritual se discute en una serie de escritos que he publicado desde que apareció este libro por primera vez. *La Filosofía de la Libertad* constituye la base filosófica para estos escritos posteriores. Porque trata de mostrar que la experiencia del pensamiento, cuando se entiende correctamente, es de hecho una experiencia del espíritu. Por lo tanto, al autor le parece que nadie que pueda adoptar con toda seriedad el punto de vista de *La filosofía* de la libertad se detendrá antes de entrar en el mundo de la percepción espiritual. Ciertamente no es posible deducir lo que se describe en los libros posteriores del autor por inferencia lógica del contenido de este. Pero una comprensión viva de lo que se entiende en este libro por pensamiento intuitivo conducirá naturalmente a una entrada viva en el mundo de la percepción espiritual.

APÉNDICE

Las objeciones que se hicieron desde el lado filosófico inmediatamente después de la publicación de este libro me inducen a agregar la siguiente breve discusión a esta nueva edición.

Puedo entender bien que haya lectores que estén interesados en el resto del libro, pero que consideren lo que sigue como un tejido remoto e innecesario de conceptos abstractos. Pueden dejar esta breve declaración sin leer. Pero en filosofía surgen problemas que tienen su origen más en ciertos prejuicios por parte de los pensadores que en el curso natural del pensamiento humano mismo. De lo contrario, me parece que este libro trata de una tarea que concierne a *todos los* que están tratando de aclarar la naturaleza del hombre y su relación con el mundo. Lo que sigue es más bien un problema que ciertos filósofos insisten en que debería discutirse como parte del tema de tal libro, porque, por su forma de pensar, han creado ciertas dificultades que de otra manera no ocurrirían. Si uno pasara por alto tales problemas por completo, ciertas personas se apresurarían a acusar a uno de diletantismo y cosas por el estilo. Y surgiría la impresión de que el autor de los puntos de vista establecidos en este libro no ha llegado a un acuerdo con aquellos puntos de vista que no ha discutido en el libro mismo.

El problema al que me refiero es este: hay pensadores que creen que surge una dificultad especial cuando uno trata de entender cómo la vida del alma de otra persona puede afectar la propia. Dicen: mi mundo consciente está encerrado dentro de mí; De la misma manera, cualquier otro mundo consciente está encerrado dentro de sí mismo. No puedo ver el mundo de la conciencia de otra persona. ¿Cómo, entonces, sé que él y yo estamos en el mismo mundo? La teoría que cree que es posible inferir del mundo consciente un mundo inconsciente que nunca puede entrar en la conciencia, trata de resolver esta dificultad de la siguiente manera. Dice: el mundo que tengo en mi conciencia es el representante en mí de un mundo real al que no tengo acceso consciente. En este mundo real yacen las causas desconocidas de mi mundo consciente. En ella también yace mi propio ser real, del cual sólo tengo un representante en mi conciencia. En ella también, sin embargo, yace el ser de mi prójimo. Ahora bien, todo lo que se experimenta en la conciencia de mi prójimo corresponde a una realidad en su ser que es independiente de su conciencia. Esta realidad actúa, en el reino que no puede volverse consciente, sobre mi propio ser real que se dice que es inconsciente; Y de esta manera se crea algo en mi conciencia que representa lo que está presente en una conciencia que es bastante independiente de mi propia experiencia consciente. Está claro que al mundo accesible a mi conciencia se le está agregando hipotéticamente uno inaccesible, ya que uno cree que de lo contrario uno se ve obligado a la conclusión de que todo el mundo externo, que creo que está frente a mí, no es más que el mundo de mi conciencia, y al absurdo más – solipsista – que otras personas, también, existen sólo dentro de mi conciencia.

Este problema, que ha sido creado por varias tendencias recientes en epistemología, puede aclararse si uno trata de examinar el asunto desde el punto de vista de la observación orientada espiritualmente adoptada en este libro. ¿Qué es, en primera instancia, lo que tengo ante mí cuando me enfrento a otra persona? Lo más inmediato es la apariencia corporal de la otra persona tal como se me da en la percepción sensorial; Luego, tal vez, la percepción auditiva de lo que está diciendo, y así sucesivamente. No me limito a mirar todo esto, sino que pone en marcha mi actividad de pensamiento. A través del pensamiento con el que me enfrento a la otra persona, la percepción de ella se vuelve, por así decirlo, transparente a la mente. Estoy obligado a admitir que cuando capto el percepto con mi pensamiento, no es en absoluto lo mismo que parecía a los sentidos externos. En lo que es una aparición directa a los sentidos, algo más se revela indirectamente. La mera apariencia sensorial se extingue al mismo tiempo que me confronta a mí. Pero lo que revela a través de esta extinción me obliga como ser pensante a extinguir mi propio pensamiento mientras esté bajo su influencia, y a poner su pensamiento en el lugar del mío. Entonces capto *su* pensamiento en mi pensamiento como una experiencia como la mía. Realmente he percibido el pensamiento de otra persona. La percepción inmediata, que se extingue como apariencia sensorial, es captada por mi pensamiento, y este es un proceso que yace completamente dentro de mi conciencia y consiste en esto, que el pensamiento de la otra persona toma el lugar del mío. A través de la autoextinción de la apariencia sensorial, la separación entre las dos esferas de conciencia se supera realmente. Esto se expresa en mi conciencia a través del hecho de que mientras experimento el contenido de la conciencia de otra persona, experimento mi propia conciencia tan poco como la experimento en el sueño sin sueños. Así como en el sueño sin sueños mi conciencia despierta es eliminada, así en mi percepción del contenido de la conciencia de otra persona se elimina el contenido de la mía. La ilusión de que no es así sólo se produce porque al percibir a la otra persona, en primer lugar, la extinción del contenido de la propia conciencia da lugar no a la inconsciencia, como lo hace en el sueño, sino al contenido de la conciencia de la otra persona, y en segundo lugar, las alternancias entre extinguir y encender de nuevo mi propia autoconciencia siguen demasiado rápido para ser notadas generalmente.

Todo este problema debe resolverse, no a través de estructuras conceptuales artificiales con inferencias de lo consciente a cosas que nunca pueden volverse conscientes, sino más bien a través de la experiencia genuina de lo que resulta de combinar el pensamiento con el percepto. Esto se aplica a muchos problemas que aparecen en la literatura filosófica. Los pensadores deben buscar el camino hacia la observación de mente abierta y orientada espiritualmente; en lugar de lo cual insertan una estructura conceptual artificial entre ellos y la realidad.

En un tratado de Eduard von Hartmann titulado *Los problemas últimos de la epistemología y la metafísica*,[1] mi *Filosofía de la libertad* ha sido clasificada con la tendencia filosófica que se basaría en un "monismo epistemológico". Eduard von Hartmann rechaza tal posición como insostenible. Esto se explica de la siguiente manera. Según la forma de pensar expresada en su tratado, sólo hay tres posiciones posibles en la teoría del conocimiento.

En primer lugar, uno permanece en el punto de vista ingenuo, que considera los fenómenos percibidos como cosas reales que existen fuera de la conciencia humana. Esto implica una falta de conocimiento crítico. Uno no se da cuenta de que con el contenido de su conciencia uno permanece, después de todo, sólo dentro de su propia conciencia. Uno no percibe que está tratando, no con una "mesa en sí misma", sino sólo con un objeto en la propia conciencia. Quienquiera que permanezca en este punto de vista, o por cualquier razón regrese a él, es un realista ingenuo. Pero toda esta posición es insostenible porque no reconoce que la conciencia no tiene otros objetos que sus propios contenidos.

En segundo lugar, uno aprecia esta situación y la admite plenamente ante sí mismo. Uno sería entonces un idealista trascendental. Pero entonces uno tendría que negar que algo de una "cosa-en-sí" pudiera aparecer alguna vez en la conciencia humana. De esta manera, sin embargo, siempre que uno sea lo suficientemente consistente, uno no evitará el ilusionismo absoluto. Porque el mundo al que uno se enfrenta ahora se transforma en una mera suma de objetos de conciencia y, además, sólo de objetos de la propia conciencia. Uno se ve entonces obligado, absurdamente, a considerar a otras personas también como presentes únicamente en el contenido de la propia conciencia.

El único punto de vista posible es el tercer realismo trascendental. Esto supone que hay "cosas-en-sí", pero que la conciencia no puede tener ningún tipo de trato con ellas en la experiencia inmediata. Más allá de la esfera de la conciencia humana, y de una manera que no entra en ella, hacen que los objetos de nuestra conciencia surjan en ella. Uno puede llegar a estas "cosas-en-sí" sólo por inferencia del contenido de la conciencia, que es todo lo que realmente se experimenta, pero sin embargo es meramente representado en la mente.

Eduard von Hartmann sostiene en el artículo mencionado anteriormente que el "monismo epistemológico" —para ello considera que es mi punto de vista— debe en realidad aceptar una de estas tres posiciones; Y no lo hace sólo porque no saca las conclusiones lógicas de sus postulados. El artículo continúa diciendo:

Si uno quiere averiguar qué posición teórica ocupa un supuesto monista epistemológico, solo necesita hacerle ciertas preguntas y obligarlo a responderlas. Porque tal persona nunca se comprometerá voluntariamente a una expresión de opinión sobre estos puntos, y, además, buscará por todos los medios evadir responder preguntas directas, porque cada respuesta mostraría que el monismo epistemológico no puede pretender ser diferente de una u otra de las tres posiciones. Estas preguntas son las siguientes:

(1) ¿Son las cosas *continuas* o *intermitentes* en su existencia? Si la respuesta es "continua", entonces uno está tratando con alguna forma de realismo ingenuo. Si la respuesta es "intermitente", entonces uno tiene idealismo trascendental. Pero si la respuesta es que son, por un lado, continuos (como contenidos de la conciencia absoluta, o como imágenes mentales inconscientes, o como posibilidades de percepción), pero por otro lado, intermitentes (como contenidos de conciencia limitada), entonces se establece el realismo trascendental.

(2) Cuando tres personas están sentadas en una mesa, *cuántas mesas distintas* hay: quien responde "uno" es un realista ingenuo; quien responde "tres" es un idealista trascendental; pero quien responde "cuatro" es un realista trascendental. Aquí, por supuesto, se asume que es legítimo abrazar cosas tan diferentes como la mesa

como una cosa en sí misma y las tres tablas como objetos perceptivos en las tres conciencias bajo la designación común de "una mesa". Si esto parece una libertad demasiado grande para alguien, tendrá que responder "uno y tres" en lugar de "cuatro".

(3) Cuando dos personas están solas juntas en una habitación, *cuántas personas distintas* hay: Quien responde "dos" es un realista ingenuo. Quien responde "cuatro" (es decir, un yo y otra persona en cada una de las dos conciencias) es un idealista trascendental. Quienquiera que responda "seis" (es decir, dos personas como "cosas en sí mismas" y cuatro personas como objetos mentalmente representados en las dos conciencias) es un realista trascendental.

Si alguien quiere demostrar que el monismo epistemológico es diferente de cualquiera de estas tres posiciones, tendría que dar una respuesta diferente a cada una de estas tres preguntas; pero no sabría lo que podría ser.

Las respuestas de la *Filosofía de la Libertad* tendrían que ser:

(1) Quien capta sólo el contenido perceptivo de las cosas y los toma por realidad, es un realista ingenuo, y no se da cuenta de que, estrictamente, debe considerar que *estos contenidos perceptivos* existen sólo mientras esté mirando las cosas, de modo que debe pensar en las cosas que tiene ante sí como intermitentes. Tan pronto, sin

embargo, cuando le quede claro que la realidad está presente sólo en los perceptos que están impregnados por el pensamiento, verá que los contenidos perceptivos que aparecen como *intermitentes* se revelan tan continuos tan pronto como están impregnados de los resultados del pensamiento. Por lo tanto, debemos contar como continuo el contenido perceptivo que se ha captado a través de la experiencia del pensamiento, del cual solo la parte que se percibe meramente podría considerarse intermitente, si, lo que no es el caso, fuera real.

(2) Cuando tres personas están sentadas en una mesa, ¿cuántas mesas distintas hay? Solo hay una mesa presente; pero mientras las tres personas no fueran más allá de sus imágenes perceptivas, tendrían que decir: "Estas imágenes perceptivas no son una realidad en absoluto". Tan pronto como pasan a la mesa como captados por su pensamiento, la única realidad de la mesa se les revela; Entonces, con sus tres contenidos de conciencia, están unidos en esta realidad.

(3) Cuando dos personas están solas juntas en una habitación, ¿cuántas personas distintas hay? Ciertamente no hay seis, ni siquiera en el sentido de los realistas trascendentales, sino solo dos. Todo lo que se puede decir es que, en el primer momento, cada persona no tiene nada más que la imagen perceptiva irreal de sí misma y de la otra persona. Hay cuatro de estas *imágenes*, y a través de su presencia en la actividad pensante de las dos personas, la realidad es captada. En esta actividad de pensar cada persona trasciende su propia esfera de

conciencia; En ella cobra vida la conciencia de la otra persona, así como de sí misma. En estos momentos de revida, las dos personas están tan poco encerradas dentro de sus propias conciencias como en el sueño. Pero en otros momentos la conciencia de la absorción en la otra persona aparece de nuevo, de modo que la conciencia de cada persona, en la experiencia del pensamiento, se aprehende tanto a sí misma como al otro. Sé que un realista trascendental describe esto como una recaída en el realismo ingenuo. Pero entonces, ya he señalado en este libro que el realismo ingenuo conserva su justificación para el pensamiento que se experimenta.

El realista trascendental no tendrá nada que ver con el verdadero estado de cosas con respecto al proceso del conocimiento; Se separa de los hechos por un tejido de pensamientos y se enreda en él. Además, el monismo que aparece en *La filosofía* de la libertad no debe ser etiquetado como "epistemológico", sino, si se quiere un epíteto, entonces un "monismo de pensamiento". Todo esto ha sido malinterpretado por Eduard von Hartmann. Ha ignorado todo lo que es específico en la argumentación de La filosofía de la libertad, y ha declarado que he intentado combinar el panlogismo universalista de Hegel con el fenomenalismo individualista de Hume, [2] cuando en realidad *La filosofía* de la *libertad* no tiene nada que ver con las dos posiciones que supuestamente está tratando de combinar. (Esta es también la razón por la que no podía sentirme inclinado, por ejemplo, a entrar en el "monismo epistemológico" de Johannes Rehmke. El punto de vista de *La filosofía de la libertad* es simplemente muy diferente de lo que Eduard von Hartmann y otros llaman monismo epistemológico).

ELEFANTE
BOOKS ©
& Educational Technologies
RIF J-503454024

9 798392 268122